Ellen Fein, Sherrie Schneider

Die Kunst, den Mann fürs Leben zu finden

SERIE PIPER

Zu diesem Buch

Männer sind Jäger und begehren nur stolzes Wild – davon gingen die beiden Autorinnen aus und landeten einen großen Hit! 34 Regeln und 12 Extratips legen sie allen heiratswilligen Frauen ans klopfende Herz. Klar, frau nimmt schon immer ihr Glück selbst in die Hand – aber bitte nicht stürmisch! Keinesfalls schon vorsorglich zwei Kinokarten kaufen und nach dem Mittwoch keine Einladung mehr für den Samstag annehmen! Denn eine der grundlegenden Regeln heißt: Machen Sie sich rar! Auch sollten Sie ihm immer die Führung überlassen. Außerdem gilt, nicht zu schnell weich werden. Das alles hat Ihnen schon Ihre Großmutter gepredigt? Sie meinen, heute, im Angesicht von Emanzipation und Berufstätigkeit, sollte frau sich anders verhalten? Das Verblüffende an diesen Binsenweisheiten ist jedoch, daß sie immer noch wirken. Also, wenn Sie sicher sind, den ehetauglichen Märchenprinzen vor sich zu haben, greifen Sie zu den bewährten Rezepten. Dieses Buch verrät Ihnen die großen und kleinen Tricks, die bei der Eroberung Ihres Herzblatts (fast) immer ins Schwarze treffen.

Ellen Fein, verheiratet, zwei Kinder, lebt auf Long Island. *Sherrie Schneider*, verheiratet, freie Journalistin, lebt in New Jersey. 1998 erschien die Fortsetzung: »Die *neue* Kunst, den Mann fürs Leben zu finden«.

Ellen Fein, Sherrie Schneider

Die Kunst, den Mann fürs Leben zu finden

»The Rules«

Aus dem Amerikanischen von
Renata Platt

Piper München Zürich

Von Ellen Fein und Sherrie Schneider liegt in der Serie Piper außerdem vor:
Die *neue* Kunst, den Mann für Leben zu finden (2702)

Taschenbuchsonderausgabe
Januar 1999

Titel der amerikanischen Originalausgabe:
»The Rules. Time-tested Secrets for Capturing the Heart of Mr. Right«, Warner Books, New York 1995

Umschlaggestaltung: Büro Hamburg und Zero, München
Foto Umschlagvorderseite: Frank Horvat, Paris
Gesamtherstellung: Clausen & Bosse, Leck
Printed in Germany ISBN 3-492-22751-1

Unseren wunderbaren Ehemännern
und großartigen Kindern

Mit besonderem Dank an
Connie Clausen,
Anne Hamilton
und Myndie Friedman

Inhalt

Kapitel I

Wie dieses Buch entstand

Offenbar erinnert sich niemand genau daran, wie es mit den hier beschriebenen »Kunstgriffen« anfing, aber wir glauben, es war um 1917, als Melanies Großmutter in einem kleinen Vorort von Michigan nervöse junge Männer im Wohnzimmer von Melanies Elternhaus warten ließ. Damals hieß das »die Männer zappeln lassen«. Wie man es auch nennen mochte – jedenfalls hatte Melanie mehr Heiratsangebote als Schuhe. Ihre Großmutter gab ihr Wissen an Melanies Mutter weiter und diese wiederum an Melanie. Fast ein Jahrhundert lang wurde es in der Familie gehütet wie ein Schatz. Doch als Melanie 1981 heiratete, legte sie ihren ledigen Studienfreundinnen und Arbeitskolleginnen die altmodischen Ratschläge ans Herz, darunter auch uns.

Anfangs erzählte Melanie nur im Flüsterton von den *Regeln*. Schließlich spricht eine moderne Frau nicht laut über ihre Heiratswünsche. Wir hatten bislang davon geträumt, Chefin einer großen Firma zu werden und nicht etwa die Ehefrau des Chefs. Also erzählten wir die *Regeln* hinter vorgehaltener Hand unseren Freundinnen weiter und schämten uns dabei ein bißchen, weil sie, na ja, weil sie so sehr an die fünfziger Jahre erinnerten. Aber Hand aufs Herz: So stolz wir darauf waren, im

Berufsleben unsere Frau zu stehen, war das für die meisten von uns eben doch nicht alles. Wie schon unsere Mütter und Großmütter wünschten auch wir uns Ehemänner, die gleichzeitig unsere besten Freunde waren. Im Grunde unseres Herzens sehnten wir uns nach einer romantischen Hochzeit mit Brautkleid, Blumen, Geschenken, Flitterwochen – kurz, mit dem ganzen Drum und Dran. Unsere Unabhängigkeit wollten wir zwar nicht aufgeben, bei unserer Rückkehr abends vom Büro aber auch keine leere Wohnung vorfinden. Wer sagte denn, daß wir nicht alles auf einmal haben konnten?

Falls Sie die *Regeln* für eine Schnapsidee halten – keine Sorge, uns ging es anfangs genauso. Aber nach wiederholtem Liebeskummer gelangten wir zu der Einsicht, daß die *Regeln* keineswegs unmoralisch oder überholt sind, sondern lediglich eine schlichte Mustersammlung von Verhaltensweisen und Reaktionen, die – bei strenger Einhaltung – die meisten Frauen in den Augen der begehrten Männer unwiderstehlich machen. Warum es nicht zugeben? Den Frauen der neunziger Jahre mangelt es ganz einfach an gewissen Grundkenntnissen. Dieses Buch zeigt ihnen, wie sie den Mann fürs Leben finden oder in der Männerwelt zumindest gut ankommen.

Bald schon wurden wir kühner und sprachen offen darüber. Diese *Regeln* – sie funktionierten tatsächlich! Sie wirkten zwar altmodisch und unerbittlich, waren aber äußerst wirkungsvoll!

Anfangs hatten wir Vorbehalte gegen einige Leitsätze, weil sie scheinbar all das Lügen straften, was man uns über das Mann-Frau-Verhältnis beigebracht hatte, aber – und daran ist nicht zu rütteln – der Erfolg sprach für sich. Wir warfen also unsere vorgefaßten Meinungen über Bord, hielten uns getreu an diese Ratschläge und erlebten mit, wie viele von uns heirateten (ob Karrierefrau oder nicht).

Wir bildeten eine Art Untergrundbewegung, teilten das Wissen um eine Zauberformel, gaben sie weiter und taten, was Frauen seit Entstehung der Welt getan haben: wir verbündeten uns, um gemeinsam erfolgreicher zu sein. Diesmal jedoch waren die Einsätze höher und die Siege süßer als bei jedem Geschäftsabschluß. Wir reden von der Ehe, von einer richtigen, haltbaren Ehe, nicht von einer lieblosen Fusion, und diese Ehe ist das Ergebnis dieser einfachen Grundsätze, die uns die Kunst lehren, den Mann fürs Leben zu finden.

Über all die Jahre haben wir sie, zu Hause oder im Büro, an andere Frauen weitergegeben. Über all die Jahre haben Frauen bei uns angerufen, um sich über den einen oder anderen Punkt Gewißheit zu verschaffen: »Wie war das noch? Soll die Frau das Rendezvous beenden oder der Mann? Ich habe es vergessen.«

Dann, bei einem Abendessen in einem Chinarestaurant von Manhattan, zu dem wir uns mit ein paar alleinstehenden Freundinnen getroffen hatten, kam Cindy auf gewisse »Regeln« zu sprechen, von denen ihr eine Freundin in Kalifornien erzählt hatte. Kein Zweifel, es waren dieselben, mit deren Hilfe eine von uns in New York einen wundervollen Ehemann gefunden hatte. Sie hatten im Zickzack das Land durchkreuzt, waren von Frau zu Frau, von Dorf zu Stadt weitergetragen worden, um hier, bei Frühlingsrollen in Manhattan, zu uns zurückzugelangen!

Nur hatte die Sache einen Haken: Cindy hatte sie mißverstanden.

»In den *Regeln* heißt es doch, daß der Mann die Verabredung beenden soll, damit er denkt, daß er das Ruder in der Hand hat«, sagte Cindy.

»Nein, nein, nein! Falsch! Die *Regeln* besagen, *du* sollst das Rendezvous beenden, damit sein Verlangen nach dir noch größer wird«, erklärten wir ihr.

An diesem Abend beschlossen wir, den Regelkatalog niederzuschreiben, damit es zu keinen Mißverständnissen mehr kam.

Kapitel II

Was sind Die Regeln?

Wie oft haben Sie schon jemanden sagen hören: »Sie ist nett, hübsch und klug. Warum ist sie nicht verheiratet?« Waren damit vielleicht Sie selbst gemeint? Haben Sie sich je gefragt, wie manche Frauen, auch wenn sie weder sonderlich hübsch noch gescheit sind, es schaffen, die Männer scheinbar mühelos um den Finger zu wickeln?

Offengestanden fällt es den meisten Frauen in unserem Bekanntenkreis leichter, in eine andere Stadt zu ziehen, den Beruf zu wechseln oder bei einem Marathon mitzulaufen, als einen Mann zum Heiraten zu finden. Wenn Ihnen das bekannt vorkommt, dann sind Sie die richtige Leserin für diesen provokativen Ratgeber!

Was enthält er? Nichts weiter als eine Anleitung für Frauen, wie sie sich Männern gegenüber verhalten sollen, um das Herz ihres Traummannes zu erobern. Klingt zu schön, um wahr zu sein? Auch wir waren anfangs skeptisch. Lesen Sie weiter!

Ziel ist es, Ihren Traummann verrückt nach Ihnen zu machen, indem Sie für ihn unerreichbar sind. Mit anderen Worten: Wir spielen das Spiel »Ich bin schwer zu kriegen!« Er wird Sie dann nicht nur heiraten wollen, sondern verrückt nach Ihnen sein – für immer.

Wenn Sie sich an diesen Grundsatz halten, können Sie sicher sein, daß Ihr Mann Sie wie eine Königin behandeln wird – selbst wenn er böse auf Sie ist. Warum? Weil er so viel Zeit darauf verwandt hat, Sie zu erobern. Sie sind für ihn etwas so Kostbares, daß er Angst hat, Sie zu verlieren. Er denkt ständig an Sie. Er ist Ihr bester Freund, Ihr Fels in der Brandung in stürmischen Zeiten. Er ist gekränkt, wenn Sie ihn *nicht* an Ihren Problemen teilhaben lassen. Er ist immer für Sie da – ob Sie einen neuen Job annehmen oder ins Krankenhaus müssen. Er möchte sogar in Alltagsdinge miteinbezogen werden und zum Beispiel die neue Tagesdecke mit Ihnen zusammen aussuchen. Er möchte alles mit Ihnen *gemeinsam* machen.

Solange Sie die *Regeln* einhalten, brauchen Sie sich keine Sorgen zu machen, daß er anderen Frauen nachsteigt, weder Ihrer überaus attraktiven Nachbarin noch seiner vollbusigen Sekretärin. Er wird Sie nämlich für die Frau mit dem größten Sexappeal auf Erden halten. Sie brauchen keine Angst zu haben, daß er Sie verläßt, vernachlässigt oder links liegenläßt.

Eine Bekannte von uns, die sich an die *Regeln* gehalten hat, ist jetzt mit einem wunderbaren Mann verheiratet, und er käme nicht einmal auf die Idee, sie alleinzulassen, damit er sich mit seinen Kumpels treffen kann. Im Gegenteil, er wird sogar ein bißchen eifersüchtig, wenn sie auf eigene Faust etwas unternimmt. Außerdem sind die beiden richtig gute Freunde.

Männer sind anders als Frauen. Frauen, die Männer anrufen, mit ihnen ausgehen wollen, vorsorglich zwei Eintrittskarten für eine Veranstaltung kaufen oder schon beim ersten Treffen mit einem Mann ins Bett gehen wollen, machen den männlichen Jagdtrieb und Ehrgeiz zunichte. Männer sind dazu geboren, sich an Herausforderungen zu messen. Nimmt man ihnen die Herausforderung, schwindet ihr Interesse. Dies ist, auf einen Nenner gebracht, das Grundprinzip der *Regeln*: Wir müssen für sie zur Herausforderung werden.

Bei der Lektüre dieses Buches mögen Ihnen die *Regeln* allzu berechnend vorkommen, und Sie fragen sich vielleicht: »*Wie* schwer zu kriegen soll ich denn sein? Darf ich ihm abends nie etwas kochen oder ihn ins Theater einladen? Und was ist, wenn ich Lust habe, mit ihm zu reden? Darf ich ihn dann nicht anrufen? Wann darf ich persönliche Dinge über mich preisgeben?«

Die Antwort heißt: Lesen Sie unsere *Regeln*. Befolgen Sie sie von A bis Z (nicht à la carte), und Sie werden es nicht bereuen. Kennen wir nicht alle Frauen, die ihren Ehemännern nicht recht trauen und immer eine gewisse Unsicherheit mit sich herumtragen? Manche von ihnen suchen sogar einen Therapeuten auf, um mit seiner Hilfe dahinterzukommen, warum ihre Männer ihnen gegenüber so unaufmerksam sind. Mit diesem Buch sparen Sie DM 150 Honorar für jede Sitzung beim Therapeuten.

Natürlich fällt es Ihnen bei Männern, an denen Sie nicht sonderlich interessiert sind, leicht, die *Regeln* anzuwenden. Solche Männer rufen Sie sowieso nicht an, Sie rufen sie auch nicht sofort zurück und schicken ihnen keine Liebesbriefe. Ihre Gleichgültigkeit führt nicht selten dazu, daß gerade diese Männer verrückt nach Ihnen werden und nicht lockerlassen, bis Sie einen von ihnen geheiratet haben. Das liegt daran, daß Sie (ohne sich dessen bewußt zu sein) die *Regeln* angewandt und die Männer Ihnen einen Heiratsantrag gemacht haben!

Aber dieses Buch will Sie nicht dazu anhalten, sich

mit einer minderwertigen Lösung zufriedenzugeben. Sie sollen die Ratschläge bei dem Mann anwenden, hinter dem Sie wirklich her sind. Das erfordert Mühe, Geduld und Selbstbeherrschung. Aber ist das die Sache etwa nicht wert? Warum sollten Sie einen Kompromiß eingehen und jemanden heiraten, der Sie zwar liebt, von dem Sie selbst aber nicht wirklich angetan sind? Wir kennen viele Frauen, die sich in diesem Dilemma befinden. Aber keine Sorge, dieses Buch wird dafür sorgen, daß Sie Ihren Traummann heiraten – und keinen anderen!

Ihre Aufgabe ist es nun, den Mann, für den Sie wirklich entflammt sind, so zu behandeln wie einen Mann, an dem Sie kein großes Interesse haben. Rufen Sie ihn nicht an, machen Sie sich rar. Beherzigen Sie das von Anfang an, vom ersten Tag, nein, von der Sekunde an, in der Sie ihm begegnen – oder sollten wir vielleicht lieber sagen, von der Sekunde an, in der er *Ihnen* begegnet? Je geschickter Sie die *Regeln* von Anfang an einsetzen, desto mehr wird er auf Sie fliegen.

Fragen Sie sich immer: »Wie würde ich mich verhalten, wenn ich nicht besonders an ihm interessiert wäre?« Und dann handeln Sie dementsprechend. Würden Sie jemanden, den Sie nicht wirklich mögen, immer wieder ermutigen? Würden Sie mit ihm stundenlang telefonieren? Natürlich nicht!

Machen Sie sich keine Sorgen, daß es ihn abschrecken könnte, wenn Sie sehr beschäftigt sind oder nur wenig Interesse für ihn zeigen. Die Männer, die Sie nicht mögen, rufen doch auch immer wieder an, obwohl Sie ihnen einen Korb nach dem anderen geben, oder nicht?

Vergessen Sie nicht: Die *Regeln* sollen Ihnen nicht zu irgendeinem Mann verhelfen, der Sie anbetet und Ihnen einen Antrag macht, sondern zu Ihrem Traummann, dem Mann fürs Leben.

Wir verstehen, warum manch eine moderne, karriereorientierte Frau über unsere Ratschläge die Nase gerümpft hat. Als studierte Betriebswirtinnen beispielsweise sind sie darauf geschult, die Dinge selbst in die Hand zu nehmen und dabei die Karriere nicht aus den Augen zu verlieren. Die Beziehung zu einem Mann ist jedoch etwas anderes als ein Job. In einer Beziehung muß der Mann die Sache in die Hand nehmen. Er muß den Antrag machen. Er ist – und das haben wir nicht etwa erfunden – biologisch gesehen der Angreifer.

Andere Frauen beklagen sich darüber, die *Regeln* würden es ihnen verwehren, sie selbst zu sein oder Spaß zu haben. »Warum soll ein Rendezvous in Arbeit ausarten?« fragen einige. Aber wenn sie dann am Samstag abend alleine herumsitzen, kommen sie doch wieder auf uns zu und sagen: »Okay, okay, sagt mir, was ich tun soll.«

In Ihrem eigenen Interesse ist es nicht immer das Beste, das zu tun, wozu Sie Lust haben. Bei einem Bewerbungsgespräch legen Sie ja auch nicht alle Karten auf den Tisch. Wenn Sie ernsthaft abnehmen wollen, essen Sie keinen Kuchen. Und genauso unklug ist es, sich selbst die Zügel schießen zu lassen, wenn Sie mit einem Mann ausgehen.

Auf lange Sicht bringt es Ihnen nichts, gegen die *Regeln* zu verstoßen. Zum Schluß stehen Sie womöglich allein da. Denken Sie an die Zukunft. Stellen Sie sich einen Ehemann vor, den Sie lieben, harmonischen Sex, Kinder, eine Partnerschaft und das Älterwerden mit einem Menschen, der überzeugt ist, mit Ihnen das große Los gezogen zu haben!

Denken Sie daran, an Samstagabenden nie mehr allein sein oder Ihre verheirateten Freunde anrufen zu müssen, damit sie Sie aufmuntern. Sehen Sie sich als Paar! Bedauerlicherweise muß das Vergnügen in den ersten Monaten Ihrer Beziehung ein wenig zurückstehen, wenn Sie den Ehesegen erlangen wollen. Aber hat es Sie jemals weitergebracht, das Herz auf der Zunge zu tragen?

Zu diesem Thema gibt es jede Menge Bücher und Theorien. Alle machen wunderbare Versprechungen, aber unsere *Regeln* führen zu tatsächlichen Ergebnissen. Sie selbst wissen immer, wie die Dinge stehen, wenn Sie sich an die *Regeln* halten. Wenn er Sie anruft, Sie umwirbt und mit Ihnen ausgehen will, dann läuft alles nach Plan. Wenn Sie sich aber Entschuldigungen für sein Verhalten ausdenken müssen – zum Beispiel hat er nach Ihrem ersten Treffen nicht angerufen, weil er noch immer an seiner Ex-Freundin hängt – und jedes Wort abklopfen, das er gesagt hat, bis Sie verzweifeln und ihn dann doch anrufen, dann stimmt etwas nicht. Vergessen Sie seine Probleme – ob er nun »Bindungsangst« hat oder »noch nicht bereit ist für eine neue Beziehung«. Denken Sie daran: Dieses Buch ist keine Therapieanleitung. Wenn er Sie anruft und mit Ihnen ausgehen will, dann haben Sie das unseren *Regeln* zu verdanken.

Kapitel III

Eine Frau, die sich an die Regeln hält

Wenn Sie Melanie je kennengelernt hätten, hätten Sie sie nicht als außergewöhnlich hübsch oder klug oder sonst irgendwie besonders empfunden, aber Ihnen wäre vielleicht aufgefallen, daß sie Männern gegenüber eine Art hatte, mit der sie jede Ballkönigin in den Schatten stellte. Melanie machte das Beste aus sich: Sie schminkte sich gekonnt, kleidete sich gut und machte sich rar. Im Gegensatz zu anderen, hübscheren jungen Frauen, die den Männern nachliefen oder jederzeit verfügbar waren, gab Melanie sich gleichgültig – bald zurückhaltend, bald verbindlich –, aber sie war immer *gutgelaunt und sehr beschäftigt*. Sie erwiderte die Anrufe ihrer Verehrer nicht, starrte die Männer nicht an (was todsicher dazu führt, daß sie das Interesse verlieren, siehe *Regel Nummer 3*) und beendete Telefongespräche immer als erste. »Ich habe noch tausend Sachen zu erledigen« war ihre liebste Schlußformel. Melanies Freund machte schließlich dem Mädchen einen Heiratsantrag, von dem er geglaubt hatte, er würde es nie kriegen: ihr!

Wer ist Melanie noch nicht begegnet? Haben wir nicht alle Frauen kennengelernt, die in unseren Augen wie Expertinnen mit Männern umgingen? Solche Frauen lassen sich von Männern offenbar nicht aus der

Ruhe oder aus dem Tritt bringen. Sie legen ein Selbstbewußtsein an den Tag, das nichts mit ihrem Aussehen oder ihrem Job zu tun hat. Diese Melanies fühlen sich einfach *wohl* in ihrer Haut, sie können Männer haben oder verschmähen, und das wiederum hat zur Folge, daß die Männer sie unbedingt haben wollen. Nennen Sie es angewandte Psychologie oder wie Sie wollen – fest steht, daß Frauen wie Melanie immer den Mann kriegen, auf den sie es abgesehen haben.

Wenn Sie einer Melanie begegnen, noch dazu einer vom unscheinbaren oder sogar unansehnlichen Typus, dann möchten Sie doch am liebsten zu ihr hingehen und sie fragen: »Wie machst du das nur, daß dir die Männer nachlaufen? Was ist dein Geheimnis? Was mache *ich* falsch?« Die ursprüngliche Melanie würde wahrscheinlich kurzentschlossen antworten: »Oh, da gibt es kein Geheimnis.« Die wiedergeborenen Melanies – Frauen, die ihre Lektion gelernt haben, nachdem sie sich bei ihrer Jagd auf Männer die Finger verbrannt hatten – würden vermutlich sagen: »Ja, da gibt es ein Geheimnis. Männer lieben die Herausforderung. Sprich sie nie zuerst an, behaupte ab und zu, du seist beschäftigt, und gib ihnen gelegentlich einen Korb – aber auf nette Art!«

Wo Sie auch hingehen, Sie werden überall auf Melanies stoßen. Beobachten Sie sie aufmerksam. Achten Sie darauf, wie sie aus ihrer Selbstbeherrschung und Eigenständigkeit eine Kunst gemacht haben. Frauen wie Melanie versuchen nicht gierig, den Blick eines Mannes einzufangen. Sie sagen nicht als erste hallo. Sie kümmern sich um ihre eigenen Angelegenheiten.

Es wäre sicherlich eine gute Übung, wenn Sie sich beim nächsten gesellschaftlichen Anlaß ein wenig im Hintergrund hielten und die Melanies und »Regelmißachterinnen« beobachteten. Vergleichen Sie, wie diese beiden Frauentypen mit Männern umgehen, und achten Sie auf das Ergebnis. Sie werden feststellen, daß die Melanies nicht für alle Fälle einen Kugelschreiber mit sich herumtragen, um den Männern ihre Telefonnummern aufschreiben zu können, und daß sie nicht sofort ihre Visitenkarte zücken. Achten Sie darauf, wie die Melanies im Raum herumschlendern, während die »Regelmißachterinnen« zu lange mit ängstlicher Miene am selben Fleck stehen oder sich zu lange mit einem Mann unterhalten. Sie machen es den Männern zu einfach, sich mit ihnen zu verabreden – und das ist, wie Sie in diesem Buch lesen werden, ein großer Fehler.

Nachdem wir jahrelang mitangesehen hatten, wie Frauen vom Typ Melanie uns die Traummänner vor der Nase wegschnappten, fragten wir Melanie eines Tages, wie ihr selbst ihr »guter Fang« gelungen sei. Sie hatte Mitleid mit uns und klärte uns auf. Sie sagte, wir seien zwar nett, redeten aber zuviel, seien übereifrig bei der Sache und begingen den Irrtum, für die Männer wie ein Kamerad sein zu wollen, statt wie ein flatterhafter Schmetterling oder, wie sie sich ausdrückte, »anders als alle anderen« (siehe *Regel Nummer 1*).

Wir brauchen wohl nicht extra zu erwähnen, daß wir gekränkt waren und die *Regeln* für ausgemachten Schwindel und Betrug hielten. Sie würden uns Frauen um fündundzwanzig Jahre zurückwerfen. Was würden die Feministinnen dazu sagen? Auf der anderen Seite hatte Melanie, was wir uns wünschten: den Mann ihrer Träume, der sie auf Händen trug. Es erschien uns also ratsam, noch mal über unsere verletzten Gefühle nachzudenken.

Melanie versicherte uns, daß unscheinbare Frauen,

die sich an die *Regeln* hielten, größere Chancen hätten, eine glückliche Ehe zu führen, als bildschöne Frauen, die sich nicht daran hielten. Als wir auf die Geschichte unseres eigenen Liebeslebens zurückblickten, stellten wir fest, daß die Männer, auf die wir es wirklich abgesehen hatten, es nicht unbedingt auch auf uns abgesehen hatten. Wir hatten uns natürlich verhalten, waren freundlich und hilfsbereit gewesen, und sie hatten uns prima gefunden – aber dabei war es auch geblieben. Bei längerem Nachdenken ging uns auf, daß dagegen die Männer, um die wir uns nicht sonderlich gekümmert, denen wir kaum Beachtung geschenkt, denen wir vielleicht sogar die kalte Schulter gezeigt hatten, uns pausenlos angerufen hatten und verrückt nach uns gewesen waren. Daraus zogen wir den Schluß: Wir mußten die Männer, die wir *wollten*, wie Männer behandeln, die wir *nicht* wollten.

Klang einfach, war es aber nicht. Aber was hatten wir schon zu verlieren? Wir wollten haben, was Melanie hatte. Also taten wir, was sie getan hatte – und es klappte!

Kapitel IV

Doch zuerst einmal geht es um – Sie!

Bevor Sie die *Regeln* anwenden, um das beste, schier unerreichbare Ergebnis zu erzielen – Ihr Traummann macht Ihnen einen Heiratsantrag –, müssen Sie selbst das Beste aus sich herausholen. Sie müssen nicht zu einem perfekten Menschen oder einer Schönheit werden, sondern eben nur das Beste aus sich machen...

Bringen Sie Ihr Äußeres auf Vordermann! Je besser Sie aussehen, desto besser fühlen Sie sich und desto begehrenswerter werden Sie für ihn. Möglicherweise werden auch andere Männer Sie attraktiver finden und mit Ihnen ausgehen wollen. Sie haben also nicht länger das Gefühl, der Mann, mit dem Sie derzeit befreundet sind, sei der einzige Mann auf Erden. Sie werden nicht mehr so unsicher und dafür selbstbewußter sein. Und wenn Sie gut aussehen und sich gut fühlen, ist die Wahrscheinlichkeit geringer, daß Sie gegen die *Regeln* verstoßen.

Wir sind zwar keine Ernährungsfachleute, aber wir wissen, daß Sie sich gut fühlen, wenn Sie das Richtige essen, also Proteine, Obst und Gemüse, und daß bei gymnastischen Übungen Endorphine freigesetzt werden, die Ihr Wohlbefinden ihrerseits steigern und Ihre Tatkraft stärken. Deshalb raten wir Ihnen als Ergänzung zu einer gesunden Ernährung dringend dazu, Ihre müden Knochen mal richtig durchzuschütteln. Werden Sie Mitglied in einem Fitneßstudio, kaufen Sie sich ein Gymnastikvideo, oder gehen Sie in einem nahegelegenen Park joggen (nebenbei ein idealer Ort, um Männer kennenzulernen, die ebenfalls joggen oder ihren Hund ausführen). Lockern Sie die Gymnastik auf, indem Sie Musik hören, während Sie Ihre Sit-ups machen.

Ernährungsweise, Gymnastik und unsere *Regeln* haben vieles gemeinsam. Bei allen stehen die langfristigen Ziele über kurzfristigen Erfolgen. Es wird Ihnen zwar lästig sein, wenn Sie keine Kekse essen oder einen bestimmten Mann nicht anrufen dürfen. Aber Sie wollen fit werden, und Sie wollen heiraten, und deshalb werden Sie tun, was zu tun ist. Freunden Sie sich mit einer Frau an, die sich in derselben mißlichen Lage befindet, gehen Sie zusammen joggen und tanzen und helfen Sie sich gegenseitig, diszipliniert zu bleiben. Sie müssen dieses harte Stück Arbeit nicht allein machen!

Suchen Sie ernsthaft einen Mann, müssen Sie Ihre Definition von Genuß ändern. Es ist schön, wenn ein Mann Sie anruft, Ihnen den Hof macht, Sie fragt, ob Sie ihn heiraten wollen. Nicht aber ein Becher Vanilleeis mit Karamelsauce oder ein heißer Flirt, bei dem Sie gegen die *Regeln* verstoßen.

Wenn Sie an sich selbst arbeiten, wird Ihnen das helfen, sich einen Mann zu angeln und ihn an Sie zu binden. Also bemühen Sie sich, Ihre schlechten Gewohnheiten wie zum Beispiel Unordentlichkeit abzulegen, wenn Sie mit einem Mann zusammenleben wollen. Männer mögen ordentliche, adrette Frauen. Sie sind die besseren Mütter für Ihre gemeinsamen Kinder und gehören nicht zu dem Schlag Frauen, die ihre Kleinen am Strand verlieren.

Nun ein paar Worte zur Garderobe. Sollten Sie in alten Klamotten herumlaufen, weil Sie die Ansicht vertreten, es kommt nicht auf das Äußere an, sondern auf das, was in einem Menschen steckt, dann überdenken Sie das lieber noch einmal. Männer mögen es, wenn Frauen modische, verführerische Kleider in leuchtenden Farben tragen. Warum ihnen diesen Gefallen nicht tun?

Wenn Sie kein Modebewußtsein haben, lesen Sie *Cosmopolitan, Vogue, Elle* oder *Marie Claire* und einschlägige Bücher; konsultieren Sie eine Freundin, deren Geschmack Sie schätzen; oder lassen Sie sich in einem guten Geschäft beraten. Wenn Sie in einer Umkleidekabine allein Kleider anprobieren, kann dies reichlich frustrierend sein – zum Beispiel, wenn Sie ein paar Pfunde zuviel haben –, und deshalb ist es immer gut, eine zweite Meinung zu hören. Warum also nicht einen Fachmann hinzuziehen? Eine einfühlsame Verkäuferin kann Ihnen dabei helfen, Kleider zu finden, die Ihnen gut stehen und Ihre Schwachstellen kaschieren – im Gegensatz zu Kleidern, die vielleicht gerade in Mode sind, Ihnen aber ganz und gar nicht schmeicheln.

Vergessen Sie beim Einkaufen nie, daß Sie einzigartig sind, anders als alle anderen, *eine Frau*. Finger weg von Unisex-Klamotten! Kaufen Sie weibliche Garderobe, die Sie nicht nur am Wochenende, sondern auch unter der Woche tragen. Denken Sie daran, daß Sie sich für die Männer anziehen, nicht für andere Frauen, und bemühen Sie sich deshalb stets um ein feminines Äußeres.

Obwohl es gut ist, mit der Zeit Schritt zu halten, sollten Sie nicht zu einer Modesklavin werden. Geben Sie nicht ein Monatsgehalt für Trompetenhosen und Plateauschuhe aus, nur weil sie in diesem Jahr *en vogue* sind. Es kann durchaus sein, daß sie in der nächsten Saison schon nicht mehr »in« sind, und außerdem – und das ist viel wichtiger – stehen sie Ihnen vielleicht überhaupt nicht! Wir kennen Frauen, die sich auf eine bestimmte Mode eingeschossen – ob es nun Herrenanzüge sind oder übergroße Häkelpullover – und sich einfach nur nach dem neuesten Trend ausstaffiert haben, ohne dabei ein bißchen sexy zu wirken. Kaufen Sie mit Köpfchen ein, und werfen Sie das Geld nicht zum Fenster hinaus! Legen Sie sich ein paar klassische Teile zu, und kombinieren Sie sie mit preiswerteren Sachen.

Bedenken Sie: Nur weil etwas in Mode ist, heißt es noch lange nicht, daß es Ihnen steht oder den Männern gefällt. Männer können dem »Schlabberlook« nicht unbedingt etwas abgewinnen und mögen es auch nicht, wenn Frauen lange Omakleider mit Kampfstiefeln tragen, auch wenn diese Aufmachung gerade noch so beliebt ist. Sie sehen Frauen gern in femininen Kleidern. Tragen Sie kurze Röcke (allerdings nicht zu kurze), sofern Sie die Beine dazu haben.

Reden Sie sich aber nicht ein, daß Sie Designerklamotten tragen müssen, um in der Männerwelt anzukommen. Männern ist es egal, welche Marke Sie tragen; für sie zählt nur, wie Sie in den Kleidern aussehen und was für eine Figur Sie darin machen. Besser also, Sie kaufen eine unbekannte Marke, in der Sie umwerfend aussehen und die Ihre breiten Hüften kaschiert, als Designerware, bei der das nicht der Fall ist.

Wenn Sie in einem Warenhaus einkaufen, schauen Sie in der Kosmetikabteilung vorbei und gönnen Sie sich eine Schminkberatung. Wir alle können mehr aus uns machen. Viele von uns ahnen gar nicht, welche Möglichkeiten in uns stecken, bis wir uns von einer Fachkraft schminken lassen, was im übrigen oft gratis angeboten wird, sofern man eine Kleinigkeit kauft. Achten Sie darauf, welche Farben Ihnen gut stehen und wie die Kosmetikerin sie aufträgt. Kaufen Sie sämtliche Artikel, zu denen sie Ihnen rät, sofern Sie sie sich leisten können, gehen Sie nach Hause und üben Sie sich im Schminken. Verlassen Sie nie ohne Make-up das Haus. Tragen Sie sogar beim Joggen Lippenstift!

Tun Sie alles nur erdenklich Mögliche, um sich von Ihrer schönsten Seite zu zeigen. Wenn Ihnen Ihre Nase nicht gefällt, lassen Sie sie operieren; färben Sie graues Haar; lassen Sie Ihr Haar wachsen. Männer mögen langes Haar lieber, weil sie damit herumspielen können und es den Frauen schmeichelt. Geben Sie nichts auf die Meinung Ihrer Friseuse und Ihrer Freunde! Auf die wollen Sie bestimmt keinen Eindruck machen! Wir wissen doch alle, daß Friseure ihren Kunden gern flotte Kurzhaarfrisuren aufschwatzen, weil sie keine Lust haben, sich mit langem Haar abzumühen. Es kommt nicht darauf an, ob sich kurzes Haar einfacher waschen und schneller trocknen läßt oder ob Ihr Haar sehr dünn ist. Der springende Punkt ist: Wir sind Frauen und wollen nicht wie Männer aussehen!

Es wird Ihnen leichter fallen, sich anders als alle anderen zu fühlen, wenn Sie rundum gepflegt sind. Maniküre, Pediküre, Gesichtsmasken und Massagen sollten für Sie zu einer festen Einrichtung werden. Und wenn Sie ausgehen, vergessen Sie nicht, ein betörendes Parfum aufzulegen – aber übertreiben Sie es nicht.

Jetzt müssen Sie nur noch Ihr Verhalten auf Ihr Äußeres abstimmen. Männer mögen Frauen, die sich auch als solche benehmen – selbst wenn sie ihre eigene Firma leiten. Lassen Sie ihn die Tür öffnen. Seien Sie feminin und nicht zynisch. Seien Sie kein vorlautes, hysterisches Mädchen, das sich übermütig auf die Schenkel klopft. Das können Sie im Kreis Ihrer Freundinnen tun. Aber wenn Sie mit einem Mann zusammen sind, an dem Ihnen etwas liegt, seien Sie ruhig und geheimnisvoll, benehmen Sie sich wie eine Dame, schlagen Sie die Beine übereinander und lächeln Sie. Reden Sie nicht so viel. Tragen Sie dünne schwarze Seidenstrumpfhosen und ziehen Sie den Rock ein Stückchen hoch, um Ihr Gegenüber zu verführen. Vielleicht empfinden Sie diese Ratschläge als beleidigend für Ihre Intelligenz oder als unzumutbar für Ihr lebhaftes Wesen. Sie mögen den Eindruck gewinnen, als dürften Sie sich nicht so geben, wie Sie wirklich sind, aber Männer lieben das!

Seien Sie also nicht launisch oder selbstmitleidig, und erzählen Sie keine endlosen, verschachtelten Geschichten über all die Menschen, von denen Sie verletzt oder enttäuscht worden sind. Drängen Sie Ihren Zukünftigen nicht in die Rolle Ihres Erlösers oder Therapeuten. Im Gegenteil, tun Sie so, als wären Sie schon glücklich auf die Welt gekommen. Geben Sie nicht alles von sich preis. Sagen Sie danke und bitte. Probieren Sie das damenhafte Verhalten an Kellnern, Hausmeistern und Taxifahrern aus. Dann fällt es Ihnen bei einem Rendezvous leichter, sich wie eine Dame zu benehmen.

Wenn Sie Männer nicht zufällig kennenlernen, gehen Sie überall hin, wo etwas los ist – zum Tanzen, auf Tennisturniere (auch wenn Sie selbst nicht Tennis spielen), in den Club Med. Mischen Sie sich unter Leute, zeigen Sie sich! Setzen Sie eine Bekanntschaftsanzeige in die Zeitung, antworten Sie auf derartige Annoncen, bitten

Sie Bekannte, Sie »an den Mann zu bringen«. Schrecken Sie nicht vor Veranstaltungen für Singles zurück, nach dem Motto: Männer, die dorthin gehen, sind sowieso nicht mein Typ. Vergessen Sie nicht, daß Sie kein Rudel von Männern nach Ihrem Geschmack finden müssen, sondern nur einen einzigen! Verlieren Sie das nie aus dem Blick. Es wird Sie auch an schlechten Tagen, wenn Sie davon überzeugt sind, daß Sie die wahre Liebe nie erleben werden, auf Trab bringen!

Und zu guter Letzt: Vertrauen Sie all diesen Maßnahmen. Es kann passieren, daß Sie nicht sofort einen Ehemann finden, nachdem Sie Ihre Figur auf Vordermann gebracht, ein paar schicke Klamotten gekauft und unsere Ratschläge an drei geeigneten Kandidaten ausprobiert haben. Vielleicht ist Ihre Zeit einfach noch nicht gekommen. Aus Erfahrung wissen wir jedoch: Wenn Sie sich unter allen Umständen an die *Regeln* halten und Geduld haben, werden Sie schließlich dem Mann Ihrer Träume begegnen und ihn heiraten.

Regel Nummer 1

Seien Sie anders als alle anderen

Anders als alle anderen zu sein ist eine Geisteshaltung. Sie müssen dazu weder reich noch schön, noch außergewöhnlich intelligent sein. Und Sie müssen auch nicht mit diesem Gefühl geboren sein. Man kann es erlernen, üben und verinnerlichen wie alle anderen Regeln in diesem Buch.

Dieses Gefühl ist wirklich reine Einstellungssache, und es ruft ein Selbstbewußtsein und eine Ausstrahlung hervor, die Sie von Kopf bis Fuß durchdringen. Es äußert sich in der Art, wie sie lächeln (Sie bringen Glanz in jeden Raum), wie Sie zwischen den Sätzen eine kleine Pause einlegen (Sie plappern nicht einfach nervös drauflos), zuhören (nämlich aufmerksam), blicken (Sie schauen sich zurückhaltend um, starren nie), atmen (langsam), dastehen (aufrecht) und gehen (flott und mit durchgedrücktem Kreuz).

Es spielt keine Rolle, daß Sie keine Ballkönigin sind, daß Sie nicht zu Ende studiert haben oder daß Sie über das aktuelle Geschehen nicht auf dem laufenden sind. Sie genügen sich trotzdem selbst. Sie haben mehr Selbstvertrauen als Frauen mit einem Universitätsdiplom oder viel Geld auf dem Konto. Sie biedern sich nicht an. Sie sind nie verzweifelt oder ängstlich. Sie treffen sich nicht mit Männern, die nichts von Ihnen wollen. Sie vertrauen auf die Vielfalt und Güte des Universums: Wenn er es nicht sein soll, kommt bestimmt ein besserer, sagen Sie sich. Sie klammern nicht. Sie laufen niemandem nach. Sie machen sich die Männer nicht durch Sex gefügig. Sie glauben an Liebe und Ehe. Sie sind nicht zynisch. Sie glauben nicht, die Welt geht unter, wenn eine Beziehung in die Brüche geht. Statt dessen gönnen Sie sich eine Maniküre und verabreden sich mit einem anderen Mann oder gehen auf eine Party für Singles. Sie sind Optimistin. Sie wischen sich die Tränen weg, damit Ihr Make-up nicht verläuft, und schauen sich nach einem anderen um. Natürlich ist Ihnen nicht wirklich danach. Sie *reden sich ein*, daß Ihnen danach ist, bis es tatsächlich so ist. *Sie tun so, als ob!*

Lassen Sie sich bei einem Rendezvous nie anmerken, daß Sie vor allem eins im Sinn haben: heiraten. Bleiben Sie gelassen. Er soll ruhig denken, daß Sie schon mehrere Heiratsanträge abgelehnt haben. Sie nippen an Ihrem Drink – schlürfen ist verpönt! – und überlassen es ihm, Ihnen Fragen zu stellen. Ihre Antworten sind knapp, leichthin, kokett. Ihre Gesten sind geschmeidig und weiblich. Fällt Ihnen das Haar ins Gesicht, werfen Sie den Kopf in den Nacken und kämmen es mit den Fingern in einer bedächtigen, sorgsamen Bewegung nach hinten.

All ihre Gesten – die Art, wie Sie sich entschuldigen, weil Sie auf die Toilette gehen, oder auf die Uhr blicken, um die Verabredung zu beenden – sind fließend und verführerisch, nicht eckig und befangen. Sie haben schon viele Verabredungen hinter sich, Sie sind ein Profi. Und das nur, weil Sie sich selber im Griff haben. Sie haben vor dem Rendezvous nicht deprimiert im Bett gelegen oder Kekse in sich hineingestopft. Sie haben ein Schaumbad genommen, in diesem Buch gelesen und sich selbst mit positiven Parolen aufgebaut wie: »Ich bin schön. Ich bin mir selbst genug«. Sie haben sich gesagt, daß Sie bei der Verabredung nicht mehr zu tun brauchen, als einfach nur da zu sein. Entweder er verliebt sich in Sie, oder nicht. Es ist nicht Ihre Schuld, wenn er nicht wieder anruft. Sie sind schön, innen und außen. Ein anderer wird Sie lieben, wenn er es nicht tut. Das einzige, worauf es ankommt, ist, daß *Sie* das Rendezvous beenden (vergleiche *Regel Nummer 11*).

Wenn Sie auf eine Party für Singles gehen, bauen Sie sich vorher auf. Reden Sie sich ein, Sie seien ein Filmstar. Sie marschieren hocherhobenen Hauptes mitten in den Raum, als wären Sie gerade mit der Concorde aus Paris eingeflogen. Sie sind nur für eine Nacht in der Stadt, und wenn sich nicht ein gutaussehendes Mannsbild auf Sie stürzt und Sie sich schnappt, ist es sein Pech!

Sie besorgen sich etwas zu trinken, ein Perrier vielleicht, auch wenn Sie keinen Durst haben. Dann können Sie sich am Glas festhalten und müssen vor Nervosität nicht Fingernägel kauen oder Haare zwirbeln. Wenn Sie nervös sind, lassen Sie es sich nicht anmerken. Das ist das Geheimnis: Sie benehmen sich so, als würde alles großartig laufen, selbst wenn Sie kurz davor stehen, durchs Examen zu rasseln oder gefeuert zu werden. Sie treten entschlossen auf, als wüßten Sie genau, wohin Sie wollen, und drehen am besten eine Runde im Raum. Sie sind ständig in Bewegung. Sie stehen nicht in einer Ecke wie bestellt und nicht abgeholt. Die Männer sollen sie mitten in der Bewegung abfangen.

Wenn Sie finden, daß Sie nicht hübsch sind, daß andere junge Frauen besser angezogen, schlanker oder souveräner sind, behalten Sie es für sich. Sagen Sie sich immer wieder: »Der Mann, der mich kriegt, kann glücklich sein«, bis es so richtig in Sie einsickert und Sie daran glauben. Spricht Sie ein Mann an, lächeln Sie und antworten Sie freundlich, aber knapp auf seine Fragen. Sie geben sich zurückhaltend und ein bißchen geheimnisvoll. Sie lassen ihn nach mehr hungern, statt ihn zu langweilen. Nach ein paar Minuten sagen Sie: »Ich glaube, ich drehe noch eine Runde.«

Die meisten Frauen klammern sich den ganzen Abend an einen einzigen Mann und warten darauf, daß er sie zum Tanzen auffordert. Sie aber gehen anders vor: Wenn er sich mit Ihnen unterhalten oder Ihre Telefonnummer haben möchte, soll er im Gedränge so lange suchen, bis er Sie gefunden hat. Sie bieten ihm nicht Ihren Kugelschreiber oder Ihre Visitenkarte an. Sie machen es ihm nicht leicht. Am besten, Sie nehmen beides erst gar nicht mit, damit Sie nicht in Versuchung geraten, ihm auszuhelfen. Er soll die ganze Anstrengung auf sich nehmen. Während er seine Taschen abklopft und schließlich die Garderobenfrau um einen Stift bittet, stehen Sie ruhig daneben und sagen sich: »Start frei für die *Regeln*!«

So einfach ist das. Sie vertrauen darauf, daß Ihrem Prinzen eines Tages aufgeht, wie sehr Sie sich von den Frauen unterscheiden, mit denen er bisher zu tun hatte, und daß er um Ihre Hand anhält!

Regel Nummer 2

Sprechen Sie einen Mann nicht zuerst an (und fordern Sie ihn nicht zum Tanzen auf)

Niemals? Nicht einmal: »Gehen wir einen Kaffee trinken« oder: »Kommen Sie oft hierher?« Richtig, nicht einmal diese scheinbar harmlosen Eröffnungsfloskeln. Woher wollen Sie sonst wissen, ob er Sie zuerst entdeckt hat und von Ihnen so hingerissen ist, daß er Sie unbedingt haben muß, oder ob er einfach nur höflich ist?

Wir wissen, was Sie jetzt denken. Wir wissen, wie überzogen Ihnen das vorkommt, vielleicht sogar verbohrt, dumm und gemein. Aber schließlich liegt den *Regeln* der Kerngedanke zugrunde, daß wir Frauen selbst nie die Dinge in die Hand nehmen, sondern auf das Naturgesetz vertrauen, und das lautet nun mal: Männchen jagt Weibchen.

Sprechen Sie einen Mann zuerst an, greifen Sie in den natürlichen Ablauf ein und beschwören Dinge herauf, die von allein vielleicht nicht passiert wären, zum Beispiel ein Gespräch oder ein Rendezvous, das eigentlich nicht vorgesehen war, und früher oder später bekommen Sie die Quittung dafür. Am Ende wird er nämlich die Frau ansprechen, die er wirklich will, und Sie fallenlassen wie eine heiße Kartoffel.

Trotzdem erfinden wir für unser Verhalten Ausreden

wie: »Er ist schüchtern« oder: »Ich bin eben ein freundlicher Mensch«. Sind Männer wirklich schüchtern? Wollen wir der Sache doch gleich einmal auf den Grund gehen. Auch wenn Ihr Therapeut vielleicht das Gegenteil behauptet, sind die meisten Männer, wenn sie Sie nicht ansprechen, unserer Meinung nach nicht etwa schüchtern, sondern ganz einfach nicht *wirklich* interessiert. Damit kann man sich nur schwer abfinden, das wissen wir. Genauso schwer ist es, auf den Richtigen zu warten – auf den Mann, der Sie zuerst anspricht, der Sie anruft und am Anfang der Beziehung den größten Teil der Arbeit übernimmt, weil er Sie unbedingt haben will.

Das »aggressive« Verhalten vieler Frauen in der heutigen Zeit ist leicht zu erklären. Anders als vor vielen Jahren, als Frauen auf Tanzveranstaltungen oder dem Debütantinnenball Bekanntschaft mit Männern machten und abwarteten, bis einer von ihnen in der Menge auf sie aufmerksam wurde und sie ansprach, sind viele Frauen heutzutage Wirtschaftsprüferinnen, Ärztinnen, Rechtsanwältinnen, Zahnärztinnen oder befinden sich in Führungspositionen. Sie arbeiten mit Männern, für Männer, und Männer arbeiten für sie. Männer sind ihre Patienten, Klienten und Kunden. Wieso also sollte eine Frau einen Mann nicht als erste ansprechen?

Unsere Antwort lautet: Behandeln Sie Männer, an denen Sie interessiert sind, wie jeden Kunden, Patienten oder Mitarbeiter, auch wenn es Ihnen schwerfällt. Sind wir doch einmal ehrlich: Wenn eine Frau einem Mann begegnet, der ihr gefällt, leuchtet in ihrem Kopf ein Lämpchen auf, und dann bricht in ihr ein Damm, sie lacht und verbringt unbewußt mehr Zeit mit ihm als nötig. Vielleicht schlägt sie sogar vor, etwas bei einem Mittagessen zu besprechen, was man genausogut am

Telefon besprechen kann, weil sie hofft, bei ihm dadurch romantische Gefühle zu wecken. Das ist ein weitverbreiteter Trick. Selbst unter den klügsten Frauen gibt es welche, die dem Schicksal bei einem vermeintlichen Geschäftsessen ein wenig nachhelfen wollen. Sie halten sich für zu gebildet oder zu geschickt, um sich passiv zu verhalten, Spielchen zu spielen oder die *Regeln* anzuwenden. Sie glauben sich durch ihre Diplome oder Gehaltsschecks dazu berechtigt, in den Lauf der Dinge einzugreifen, statt nur darauf zu warten, daß das Telefon klingelt. Solche voreiligen Frauen, das versichern wir Ihnen, stehen am Ende immer mit einem gebrochenen Herzen da, nämlich dann, wenn sie eine Abfuhr erhalten. Wie sollte es auch anders sein? Männer wissen, was sie wollen. Niemand braucht *sie* zum Mittagessen einzuladen.

Kurzum, Sie müssen die *Regeln* auch dann befolgen, wenn Sie beruflich mit Männern zu tun haben. Warten Sie, bis er ein Mittagessen oder sonst etwas vorschlägt, was nichts mit dem Geschäft zu tun hat. Wie wir in *Regel Nummer 17* erläutern, muß der Mann die Führung übernehmen. Selbst wenn Sie genausoviel Geld verdienen wie der Mann, an dem Sie interessiert sind, muß er ein gemeinsames Mittagessen vorschlagen. Sollten Sie sich nicht damit abfinden wollen, daß Männer und Frauen in Liebesdingen verschieden sind, auch wenn sie sich beruflich vielleicht in nichts nachstehen, dann werden Sie sich wie ein Mann verhalten: Sie werden ihn zuerst ansprechen, nach seiner Telefonnummer fragen, ihn zum Abendessen nach Hause einladen, um etwas Geschäftliches zu besprechen – und ihn verschrecken. Als Frau derart vorzupreschen ist sehr riskant. Manchmal haben wir miterlebt, daß es gutging, aber in den meisten Fällen geht die Rechnung eben nicht auf, und *immer* macht die Frau gefühlsmäßig die Hölle durch. Frauen, die nicht akzeptieren, daß das Männchen das Weibchen jagt, setzen sich der Gefahr aus, zurückgewiesen oder mißachtet zu werden, falls nicht sofort, dann zu einem späteren Zeitpunkt. Wir hoffen, Ihnen bleibt die folgende Tortur erspart:

Vor Jahren, als sie gemeinsam Zahnmedizin studierten, bändelte unsere Freundin Pam mit Robert an, indem sie ihn fragte, ob er mit ihr Mittagessen gehen wolle. *Sie sprach ihn zuerst an.* Obwohl sie später ein Liebespaar wurden und sogar zusammenzogen, schien er nie wirklich in sie *verliebt* zu sein, und so wurde sie eine gewisse Unsicherheit, was ihre Beziehung anging, nie los. Wie auch? *Sie hat ihn zuerst angesprochen.* Kürzlich hat er wegen einer Lappalie mit ihr Schluß gemacht. In Wahrheit hat er sie nämlich nie geliebt. Hätte Pam die *Regeln* befolgt, hätte sie Robert nie angesprochen oder auf andere Weise die Initiative ergriffen. Und dann hätte sie wahrscheinlich jemanden kennengelernt, der sie wirklich wollte. Und sie hätte keine Zeit vergeudet.

Hier noch ein Beispiel für eine kluge Frau, die gegen die *Regeln* verstoßen hat: Claudia, eine selbstbewußte Börsenmaklerin von der Wall Street, erspähte ihren Zukünftigen auf der Tanzfläche einer beliebten Diskothek, stellte sich neben ihn und wich volle fünf Minuten lang nicht von seiner Seite. Als er keine Anstalten unternahm, den ersten Schritt zu machen, sagte sie sich, daß er wahrscheinlich schüchtern war oder zwei linke Füße hatte, und forderte ihn zum Tanzen auf. In ihrer Beziehung gab es seither nur Probleme. Sie beklagt sich oft darüber, daß er im Bett genauso »schüchtern« sei wie in jener Nacht auf der Tanzfläche.

Ein Wort zum Tanzen. Es ist in letzter Zeit bei Frauen sehr beliebt geworden, Männer zum Tanzen aufzufordern. Um bei Ihnen auch letzte Zweifel auszuräumen: Solch ein Verhalten verstößt voll und ganz gegen die *Regeln*. Wenn sich ein Mann nicht die Mühe macht, quer durch den Raum auf Sie zuzugehen und Sie zum Tanzen aufzufordern, ist er offensichtlich nicht interessiert, und Sie werden an seinen Gefühlen oder vielmehr seinem Mangel an Gefühlen nichts ändern, indem Sie ihn zum Tanzen auffordern. Er wird durch Ihr Angebot zwar geschmeichelt sein und aus Höflichkeit mit Ihnen tanzen, ja er will an diesem Abend vielleicht sogar mit Ihnen ins Bett gehen, aber verrückt nach Ihnen wird er nicht sein. Entweder Sie sind ihm nicht aufgefallen, oder Sie haben es ihm zu leicht gemacht. Er hat keine Gelegenheit gehabt, »Jagd« auf Sie zu machen, und das wird sich nachhaltig auf die Beziehung auswirken, sofern eine zustande kommt.

Wir wissen, was Sie sich jetzt fragen: Was soll ich denn den ganzen Abend tun, wenn mich niemand zum Tanzen auffordert? Leider können wir Ihnen nur dazu raten, notfalls fünfmal auf die Toilette zu gehen, Ihren Lippenstift nachzuziehen, Ihre Nase zu pudern, an der Bar noch ein Mineralwasser zu bestellen, sich ein paar hübsche Gedanken zu machen, im Raum Runden zu drehen, bis jemand auf Sie aufmerksam wird, vom Telefon im Foyer Ihre verheirateten Freundinnen anzurufen, damit sie Sie aufmuntern – kurz, alles mögliche zu tun, nur keinen Mann zum Tanzen aufzufordern. So ein Tanzabend ist für uns nicht unbedingt ein Vergnügen. Andere Frauen mögen ihren Spaß daran haben, weil sie einfach nur ausgehen, um sich zu amüsieren. Aber Sie sehnen sich nach Liebe und nach einer Ehe, und deshalb können Sie nicht immer das tun, wonach Ihnen gerade ist. Stellen Sie sich auch nicht, wie viele Frauen es tun, neben einen Mann, der Ihnen gefällt, in der Hoffnung, daß er Sie auffordert. Sie müssen *warten*, bis er auf Sie aufmerksam wird. Unter Umständen gehen Sie sogar nach Hause, ohne jemand Nettes kennengelernt und ohne ein einziges Mal getanzt zu haben. In diesem Fall müssen Sie sich damit trösten, daß Sie zumindest die *Regeln* geübt haben und bestimmt bald eine neue Gelegenheit zum Tanzen kommt. Verlassen Sie das Lokal mit dem befriedigenden Gefühl, daß Sie nicht gegen die *Regeln* verstoßen haben.

Wenn Ihnen das langweilig erscheint, vergessen Sie nicht, daß die Alternative noch schlimmer ist. Unsere gute Freundin Sally war so wütend, weil sie auf einer Party immer nur mit den »Flaschen« hatte tanzen müssen, daß sie schließlich beschloß, den *Regeln*, mit denen sie bestens vertraut war, zu trotzen und den bestaussehenden Mann des Abends zum Tanzen aufzufordern. Er fühlte sich nicht nur geschmeichelt, sondern sie tanzten stundenlang miteinander, und er ging an den drei darauffolgenden Abenden mit ihr aus. »Vielleicht gibt es doch Ausnahmen von den *Regeln*«, dachte sie triumphierend. Natürlich sollte sie eines Besseren belehrt werden. Es stellte sich nämlich heraus, daß ihr Traummann nur für ein paar Tage geschäftlich in der Stadt war und an der Westküste eine Freundin hatte. Kein Wunder, daß er am ersten Abend niemanden zum Tanzen aufgefordert hatte. Wahrscheinlich war er nur auf die Party gegangen, um sich zu amüsieren, aber nicht, um seine künftige Ehefrau zu suchen.

Die Moral von der Geschichte: Zerbrechen Sie sich nicht den Kopf darüber, warum ein Mann Sie nicht zum Tanzen auffordert – es gibt immer einen guten Grund.

Leider gehen mehr Frauen als Männer zum Tanzen, um den »Richtigen« zu finden. Früher oder später gewinnen Übereifer und Ungeduld die Oberhand, und sie sprechen von sich aus einen Mann an oder fordern ihn zum Tanzen auf. Sie sollten von einem Tanzabend also nicht allzuviel erwarten. Betrachten Sie ihn einfach als Vorwand, um hochhackige Schuhe anzuziehen, ein neues Rouge auszuprobieren und unter Menschen zu sein. Außerdem besteht die Chance, daß ein Vertreter des anderen Geschlechts *Sie* im Verlauf des Abends anspricht. Kommt es dazu und amüsieren Sie sich gerade nicht sonderlich, lassen Sie es sich nicht anmerken. Verkneifen Sie sich geistreiche oder zynische Bemerkungen wie: »Wäre ich doch nur zu Hause geblieben und hätte mir *Das Traumschiff* angesehen!« Männer sind an Frauen mit bissigem Humor nicht interessiert. Fragt Sie also jemand, ob Sie sich amüsieren, sagen Sie einfach ja und lächeln Sie.

Wenn Ihnen das alles zu mühsam vorkommt, gehen Sie lieber nicht tanzen. Bleiben Sie zu Hause, machen Sie Sit-ups, sehen Sie sich *Das Traumschiff* an und lesen Sie dieses Buch noch einmal.

Regel Nummer 3

Starren Sie die Männer nicht an, und reden Sie nicht zuviel

Starrt eine Frau einen Mann zuerst an, tötet sie damit unter Garantie sein Interesse ab. Warten Sie also, bis er *Sie* ansieht! Wenn er nicht als erster auf Sie aufmerksam wird, ist er vermutlich nicht interessiert. Gehen Sie weiter, ein anderer Mann wird schon ein Auge auf Sie werfen.

Wußten Sie, daß es Workshops für Frauen gibt, in denen ihnen beigebracht wird, wie sie mit attraktiven Männern Blickkontakt aufnehmen? Sparen Sie sich das Geld. Blickkontakt ist unnötig. Warum signalisieren Sie den Männern nicht einfach, daß Sie »auf Empfang« sind? Wir raten Ihnen, daß Sie in den Raum (oder das Universum, wenn Sie wollen) hineinlächeln und dabei entspannt und nahbar wirken. So erregt man die Aufmerksamkeit eines Mannes und nicht dadurch, daß man ihn anstarrt. Blicken Sie sich nicht verzweifelt nach Ihrem Traummann um. Damit bewirken Sie nur, daß alle wegschauen. Verzweiflung wirkt nicht eben anziehend.

Vermeiden Sie beim ersten Rendezvous, ihm romantisch in die Augen zu blicken. Sonst begreift er sofort, daß Sie in Gedanken bereits die Hochzeitsreise planen. Richten Sie den Blick statt dessen auf den Tisch oder auf Ihr Essen, oder lassen Sie ihn durchs Lokal schweifen.

Es macht sich besser, wenn Sie so tun, als wären Sie am Leben, an anderen Menschen, an Ihrer Umgebung, an den Bildern an der Wand interessiert und nicht an dem lebenden Beutestück Ihnen gegenüber. Er würde sich nur belagert und verunsichert fühlen, wenn Sie ihn allzu sehr anstarren. Beherrschen Sie sich. Er soll sich an dem Abend bemühen, *Ihre* Aufmerksamkeit zu erregen.

Eine der schwierigsten Aufgaben bei einem Rendezvous ist es, ein Gesprächsthema zu finden. Reden Sie über das Wetter oder über Politik? Sollen Sie die Intellektuelle oder das Mädchen spielen? Wenn Sie klug sind, bleiben Sie ruhig und hören sich an, was er zu sagen hat. Lassen Sie sich von ihm leiten. Will er über Diskotheken sprechen, erzählen Sie ihm, in welchen Sie schon gewesen sind und welche Ihnen gefallen. Sie sollen bei ihm jedoch nicht den Eindruck erwecken, Sie hätten nichts in der Birne. Keineswegs! Er soll sich in Ihrer Gegenwart nur wohl fühlen. Zeigen Sie ihm bei passender Gelegenheit, daß Sie über das aktuelle Geschehen auf dem laufenden sind und Interessen haben.

Die ersten Verabredungen sind nicht der richtige Zeitpunkt, um ihm von Ihren Problemen im Job zu erzählen. Überhaupt: Strapazieren Sie ihn nicht zu sehr. Lachen Sie aber auch nicht, wenn er ernst wird. Schwimmen Sie mit dem Strom.

Wir brauchen wohl nicht eigens zu erwähnen, daß es bei jedem Rendezvous Augenblicke geben kann, in denen beiden der Gesprächsstoff ausgeht. Reden Sie sich nicht ein, daß Sie das Schweigen füllen müssen. Sie sagen dann doch nur etwas, was albern und gezwungen klingt. Manchmal will ein Mann einfach Autofahren, ohne reden zu müssen. Lassen Sie ihn. Vielleicht denkt er gerade darüber nach, wie und wann er Ihnen einen

Antrag machen soll. Stören Sie ihn nicht in seiner Konzentration.

Bilden Sie sich nicht ein, daß Sie pausenlos unterhaltsam sein und ein interessantes Gesprächsthema parat haben müssen. Er würde Sie womöglich für überspannt halten. Leisten Sie ihm einfach nur Gesellschaft! Bedenken Sie: Ein Mann verliebt sich in Ihr Wesen und nicht in etwas, was Sie gesagt haben.

Wenn überhaupt, dann sollten die Männer ihren Grips anstrengen, um flotte Sprüche zu klopfen und Ihnen interessante Fragen zu stellen, und sie sollten sich Gedanken darüber machen, wie sie Sie bei Laune halten können. Übrigens empfinden die meisten Männer geschwätzige Frauen als Zumutung. Wir kennen einen Mann, der eine Frau, von der er sich körperlich angezogen fühlte, nicht mehr anrief, weil sie redete wie ein Wasserfall. Begehen Sie nicht diesen Fehler. Als Frau reden Sie vermutlich gerne, vor allem über Ihre Beziehung, aber Sie müssen Ihre Zunge im Zaum halten. Warten Sie, bis das Rendezvous vorbei ist; danach können Sie zehn Freundinnen anrufen und mit ihnen den Abend stundenlang analysieren.

Verhalten Sie sich beim Rendezvous ruhig und zurückhaltend. Er wird sich fragen, was Sie wohl über ihn denken: ob Sie ihn mögen, ob er einen guten Eindruck auf Sie macht. Er wird Sie interessant und geheimnisvoll finden, im Gegensatz zu den meisten Frauen, mit denen er bisher ausgegangen ist. Oder wollen Sie nicht, daß er das von Ihnen denkt?

Regel Nummer 4

Kommen Sie ihm nicht auf halber Strecke entgegen, und machen Sie bei der Rechnung nicht halbe halbe

Männer lieben die Herausforderung – deshalb treiben sie Sport, führen Kriege und machen feindliche Übernahmen. Es ihnen leichtzumachen ist das Schlimmste, was Sie tun können. Wenn ein Mann sich mit Ihnen treffen will, sagen Sie nicht: »Ich bin sowieso in Ihrer Nähe«; schlagen Sie keine Restaurants vor, die auf halber Strecke zwischen ihm und Ihnen liegen, es sei denn, er bittet darum. Sagen Sie überhaupt nicht viel. Überlassen Sie das Denken und Reden ihm. Er soll die Gelben Seiten oder die Restaurantliste im Stadtmagazin durchforsten und Vorschläge bei Freunden einholen, um Ihnen dann einen für Sie bequem erreichbaren Ort anzubieten. Männer fühlen sich gut dabei, wenn sie sich ins Zeug legen müssen, um Sie zu sehen. Nehmen Sie ihnen das Vergnügen nicht.

Regel Nummer 4 besagt, daß Männer ihren Zeitplan mit Ihrem abstimmen, Sie umwerben und notfalls in den Zug oder ins Taxi steigen müssen, wenn sie Sie sehen wollen. Charles fuhr zum Beispiel bei der zweiten Verabredung sechzig Kilometer, um Darlene zu sehen, die das Wochenende bei ihrer Mutter verbrachte. Die meisten Mädchen hätten ihre Mütter sitzenlassen, um das Rendezvous ungestört zu genießen. Aber Darlene wußte, was zu tun war. Die große Entfernung bestärkte Charles nur in seinem Entschluß, sie zu sehen.

Freunde und Kollegen treffen sich auf halbem Weg. Männer (richtige Männer) holen Frauen, mit denen sie eine Verabredung haben, in ihrer Wohnung oder im Büro ab. Richten Sie es immer so ein, daß es für Sie bequem ist, egal, wo Sie wohnen.

Immer wieder stellen wir fest, daß Männer, die auf einem Treffpunkt auf halber Strecke oder (noch schlimmer) in ihrem eigenen »Revier« bestehen, sich als Rohlinge entpuppen – sie sind unaufmerksam, stur und sogar knausrig. Jane erinnert sich noch, daß sie mit dem Taxi von Greenwich Village nach Brooklyn Heights gefahren ist, um Steve (ein »blind date«) zum Brunch in dessen Lieblingslokal zu treffen, und daß er am Ende vorgeschlagen hat, die Rechnung zu teilen.

Jane, die eine wirklich nette Person ist, fand es nur gerecht, daß sie ihren Teil zahlte. Schließlich verdiente sie als Rechtsanwältin eine Menge Geld und hätte es für unfair gehalten, die gesamten Kosten auf Steve »abzuwälzen«. Das war sehr nett von Jane, aber glauben Sie uns, wenn sie darauf bestanden hätte, sich an einem Ort in ihrer Nähe zu treffen, vielleicht auch nur auf einen Drink (vor allem dann, wenn sie sich nicht wohl dabei fühlt, sein Geld auszugeben), hätte Steve sie wie eine Prinzessin und nicht wie eine Arbeitskollegin behandelt. Aber da Jane es ihm so einfach gemacht hat, hat er sie nicht zuvorkommend behandelt, bald das Interesse verloren und nicht mehr angerufen.

Nicht, daß Frauen nicht in der Lage wären, mit der U-Bahn zu fahren oder für sich selbst zu zahlen. Es ist einfach nur ritterlich und entspricht daher den *Regeln*, wenn die Herren die Damen zum Rendezvous abholen und die Rechnung übernehmen. Gleichberechtigung und kameradschaftliches Entgegenkommen sind prima für den Arbeitsplatz, aber nicht für das Spielfeld der Romantik. In der Liebe läuft alles wunderbar, solange der Mann die Frau umwirbt und sie die meiste Zeit einlädt. Er hat das Gefühl, das Geld, das er für Essen, Kino und Taxi ausgibt, sei der Preis dafür, mit Ihnen zusammensein zu können, und ist der Ansicht, daß sich jeder Pfennig lohnt. Sie sollten sich geehrt fühlen und glücklich schätzen, statt Gewissensbisse zu haben.

Sollten Sie sich trotzdem nicht ganz wohl in Ihrer Haut fühlen, wenn er für alles aufkommt, dann bieten Sie ihm an, das Trinkgeld zu übernehmen, oder, wenn die Nacht lang ist – angenommen, Sie gehen Essen, anschließend ins Theater, fahren dreimal Taxi, oder es fallen Parkgebühren an –, dann steuern Sie unterwegs auch mal eine Kleinigkeit bei. Aber zahlen Sie bei den ersten drei Verabredungen überhaupt nichts. Sie können sich später auf Ihre Art erkenntlich zeigen: Kochen Sie ihm bei sich abends mal etwas Schönes, oder schenken Sie ihm eine Krawatte. Ist er knapp bei Kasse oder Student und Sie haben Sorge, er könnte mit Ihnen sein Studiengeld verjubeln, machen Sie bei der Rechnung trotzdem nicht halbe halbe. Suchen Sie sich ein preiswerteres Lokal aus, und begnügen Sie sich mit einem Hamburger. Bestellen Sie keinen Aperitif und nicht mehr als ein Getränk. Sie können auch eine Pizza essen oder zum Chinesen gehen. Schlagen Sie ihm vor, ins Kino, ins Museum oder zu einem billigen Open-Air-Konzert zu gehen, statt in die Oper.

Es ist ehrenwert, daß Sie sich Gedanken über seine Finanzen machen, aber vergessen Sie nicht, daß er großen Spaß daran hat, Sie auszuführen. Warum ihm die

Freude nehmen, sich wie ein Gentleman zu fühlen? Die beste Art, ihn dafür zu belohnen, besteht darin, sich erkenntlich zu zeigen. Sagen Sie danke und bitte. Mäkeln Sie weder am Lokal noch am Essen, noch am Service herum, selbst wenn alles noch so schrecklich ist. Seien Sie positiv. Sehen Sie in allem das Gute. Wir haben von einem Mann gehört, der sich bei der zweiten Verabredung noch heftiger in eine junge Frau verliebte, weil sie sich mit keinem einzigen Wort beklagte, als er sich nach dem Besuch eines Fußballspiels nicht mehr erinnern konnte, wo er geparkt hatte. Während sie sich auf der Suche nach seinem Wagen eine Stunde lang die Hacken abliefen, dachte er immer wieder: »Was für eine tolle Frau!«

Bei einem Rendezvous kann vieles schieflaufen, besonders dann, wenn ein Mann mit aller Macht Eindruck auf Sie machen will und am Ende einen Bock nach dem anderen schießt – er schließt die Schlüssel im Auto ein, vergißt die Theaterkarten und so weiter. Hacken Sie nicht so lange auf ihm herum, bis er ein schlechtes Gewissen hat, sondern halten Sie sich lieber die Mühe vor Augen, die er sich gibt, und die Ausgaben, in die er sich stürzt. Wenn Sie ihm wie ein guter Kamerad zur Seite stehen, kann das darüber entscheiden, ob Sie nur einer seiner vielen Flirts oder seine zukünftige Frau werden.

Regel Nummer 5

Rufen Sie ihn nicht an und auch nicht immer gleich zurück

Wenn Sie die *Regeln* so streng befolgen wie die Zehn Gebote, besteht kein Grund, ihn anzurufen. Er sollte Sie anrufen und solange nicht lockerlassen, bis er mit Ihnen eine Verabredung getroffen hat.

Männer anzurufen bedeutet, ihnen nachzustellen, und das verstößt ganz und gar gegen die *Regeln*. Die Männer wissen dann sofort, daß Sie sie mögen, und verlieren womöglich das Interesse! Außerdem könnten Sie sie bei etwas stören – vielleicht schauen sie sich gerade im Fernsehen ein Fußballspiel an, machen ihre Buchhaltung, haben Besuch oder schlafen sogar – und in einem Moment antreffen, wo sie nicht in der Stimmung sind, mit Ihnen zu telefonieren. Warum es darauf ankommen lassen?

Wenn Sie ihn anrufen, wird er garantiert als erster oder zumindest bald wieder auflegen, und Sie könnten seine kurzangebundene Art als Desinteresse auffassen. Sie könnten sogar glauben, eine andere Frau sei bei ihm! Dann sind Sie verständlicherweise für den Rest des Tages oder Abends oder bis zu dem Augenblick, wo Sie wieder von ihm hören, frustriert und nervös, und diese Nervosität wiederum treibt Sie womöglich dazu, ihn *noch mal* anzurufen und ihn Dinge zu fragen wie: »Ist alles in Ordnung?« oder: »Liebst du mich noch? Vermißt du mich?« Und das wäre noch falscher!

Soll der Mann also nicht wissen, wie sehr Sie ihn mögen oder daß Sie sich allein und unsicher fühlen, rufen Sie ihn nicht an. Hinterläßt er auf Ihrem Anrufbeantworter eine Nachricht und bittet um Rückruf, versuchen Sie, ihn sich zu verkneifen. Rufen Sie ihn nur dann sofort zurück, wenn sich an Ihrer Verabredung oder einer geplanten Veranstaltung etwas ändert, aber nicht etwa, um mit ihm zu plaudern.

Wenn Sie nicht anrufen, wird er um so mehr Sehnsucht nach Ihnen haben, er wird Sie wiedersehen wollen und Sie von sich aus wieder anrufen. Dadurch beugen Sie der Gefahr vor, daß er in zu kurzer Zeit alles über Sie erfährt und sich langweilt. Wenn Sie ihn nur ab und zu anrufen, wird Ihr Anruf außerdem zu etwas Besonderem.

Machen Sie sich keine Sorgen, daß Sie unhöflich wirken könnten. Wenn er Sie liebt oder unbedingt Kontakt mit Ihnen aufnehmen will, wird er Sie nicht etwa für unhöflich halten, sondern nur glauben, daß Sie beschäftigt oder schwer zu kriegen sind – und Männer rufen immer wieder an.

Ist Ihnen schon mal aufgefallen, daß das Telefongespräch einen besseren Verlauf nimmt, wenn der Mann Sie anruft? Das liegt daran, daß er Sie haben will, daß er Sie in diesem Augenblick vermißt und zum Hörer gegriffen hat, weil er es kaum ewarten konnte, Ihre Stimme zu hören. Wenn ein Mann Sie anruft, ist er der »Angreifer«; er hat sich zurechtgelegt, was er sagen will, und hat den richtigen Zeitpunkt bestimmt. Er ist gesprächsbereit.

Die *Regeln* arbeiten für Sie, wenn er Sie anruft, weil

Sie in dem Augenblick vielleicht gerade nicht zu Hause sind und er darüber nachdenkt, wo Sie sein könnten, oder Sie noch einmal anrufen muß. Wenn ein Mann Sie anruft, sind Sie möglicherweise gerade beschäftigt und müssen das Gespräch freundlich aber bestimmt beenden. Versuchen Sie immer, es so einzurichten, daß die Männer Sie anrufen.

Aber wir sind alle keine Heiligen, und manchmal *müssen* wir die Männer zurückrufen. Wohlgemerkt: nicht anrufen, sondern nur zurückrufen! Müssen Sie einen Mann, aus welchem Grund auch immer, zurückrufen, versuchen Sie den Moment hinauszuzögern. Rufen Sie nicht auf der Stelle zurück. Falls Sie es doch tun, seien Sie kurzangebunden, aber liebenswürdig. Sprechen Sie ihm nicht auf Band, an welchem Abend um wieviel Uhr Sie zu Hause sind, und geben Sie ihm keine Hilfestellung, wann und wie er Sie am besten erreichen kann. Das würde ihm die Sache zu leicht machen, und Sie könnten als allzu begierig dastehen. Lassen Sie es ihn selbst herausfinden! Denken Sie daran, Sie sind sehr beschäftigt! Eine vielbeschäftigte Frau findet zu Hause immer jede Menge Anrufe von Männern auf Band vor, die mit ihr am Wochenende etwas unternehmen wollen.

Was aber, wenn er am Dienstag abend eine Nachricht auf Ihrem Anrufbeantworter hinterläßt und Sie sich unbedingt für Samstag abend mit ihm verabreden wollen? Rufen Sie ihn dann noch am Dienstag abend zurück? Die Antwort lautet nein, weil er sonst ahnt, daß Sie anrufen, um für Samstag abend etwas mit ihm auszumachen. Besser, *er* ruft *Sie* bis Mittwoch abend an (das ist der absolute Stichtag). Lieber verzichten Sie auf eine Verabredung am Samstag abend, als daß Sie sich angewöhnen, ihn anzurufen. Sie wollen nicht ein Rendezvous ergattern, sondern einen Ehemann! Machen Sie Nägel mit Köpfen!

Vergessen Sie nicht: Unsere *Regeln* sollen auch vermeiden helfen, daß man Sie verletzt oder sitzenläßt. Wir wollen nicht, daß Sie unnötige Qualen durchleiden. Das Leben ist schon schwer genug. Wir haben den Krebs oder betrunkene Autofahrer nicht unter Kontrolle, aber wir können es uns verkneifen, *seine* Nummer zu wählen. Wenn Sie ihn anrufen, und er Ihren Anruf nicht erwidert und nicht mit Ihnen ausgehen will, ist das für Sie ein Schlag ins Gesicht. Wenn Sie ihn anrufen, wird er Sie nicht für unnahbar halten und glauben, daß er sich nicht allzu sehr ins Zeug legen muß. Wenn Sie ihn anrufen, wird er keine Übung darin bekommen, sich nach einem Rendezvous gleich wieder mit Ihnen zu verabreden. Er muß lernen, daß er Sie nicht so einfach telefonisch erreichen oder Sie ein, zwei Wochen nicht sehen kann, wenn er nicht etwas Festes mit Ihnen ausmacht. Nicht, daß Sie *unmöglich* zu kriegen sind, aber Sie sind *schwer* zu kriegen. Vergessen Sie nicht, sich auf vielfältige Weise zu beschäftigen, andere Verabredungen zu treffen und weit im voraus zu planen. Machen Sie ihm aber keine Vorwürfe, daß er nicht früher angerufen hat, und sagen Sie nicht »Wenn du eher angerufen hättest...«, sondern sagen Sie einfach: »Ich würde wirklich gerne, aber ich kann nicht«. (Er kommt schon von alleine darauf, daß er in Zukunft früher anrufen muß.)

Wenn er in Sie verliebt ist, wird er Sie schon am Montag oder Dienstag anrufen, um etwas für Samstag abend auszumachen. Wenn er nicht in Sie verliebt ist, wird er Sie nicht so lange mit Anrufen bedrängen, bis er Sie breitgeschlagen hat.

Wundern Sie sich aber nicht, wenn sich ein Mann

nach der ersten Verabredung mit seinem nächsten Anruf ein oder zwei Wochen Zeit läßt. Vielleicht hat er viel um die Ohren oder trifft sich mit anderen Frauen. Vielleicht bringt er Sie nicht in seinem Terminkalender unter. Vergessen Sie nicht: Er hatte auch ein Privatleben, bevor er Sie kennengelernt hat! Machen Sie sich deswegen nicht verrückt. Beschäftigen Sie sich, damit Sie nicht vierundzwanzig Stunden am Tag an ihn denken. Lassen Sie ihm Freiraum, warten Sie, bis *er* anruft.

Hier ein gutes Beispiel dafür, wie man mit einer solchen Situation umgeht: Unsere Freundin Laura wartete nach ihrer ersten Verabredung mit David zweieinhalb Wochen auf seinen Anruf. David war frisch geschieden und brauchte Zeit, um zur Besinnung zu kommen, bevor er sich Hals über Kopf in eine neue Beziehung stürzte. Laura gab ihm diese Zeit – und Freiraum. Im Gegensatz zu den meisten Frauen rief sie nicht an, »um zu sehen, wie's so geht« oder unter einem anderen Vorwand wie zum Beispiel: »Hast du nicht gesagt, du bräuchtest den Namen von meinem Steuerberater?« Natürlich war Laura gekränkt, aber sie traf sich mit Freundinnen und ließ sich auf *blind dates* ein. Sie sah das Ganze von der praktischen Seite: Sie wußte, daß er sie irgendwann anrufen würde, wenn er sie mochte. Wenn nicht, war es sein Pech! Auf zum nächsten! Als David schließlich anrief, war sie nett und liebenswürdig. Sie stellte ihn nicht zur Rede, warum er nicht früher angerufen hatte. Laura und David waren zehn Monate lang befreundet und sind jetzt verheiratet.

Ein abschließender Gedanke zum Thema Telefonieren: Manchmal wollen wir einen Mann nicht anrufen, um mit ihm zu reden, sondern nur, um seine Stimme zu hören. Wir haben das Gefühl, wir müßten sterben, wenn wir seine aufregende Stimme nicht augenblicklich hören. Dafür haben wir Verständnis. In diesem Fall schlagen wir vor, daß Sie bei ihm anrufen, wenn er in der Arbeit und sein Anrufbeantworter eingeschaltet ist. Legen Sie vor dem Signalton auf. Es hilft wirklich!

Regel Nummer 6

Beenden Sie *die Telefongespräche*

Rufen Sie Männer von sich aus nicht an (siehe *Regel Nummer 5*) und nur selten zurück. Wenn ein Mann Sie anruft, telefonieren Sie nicht länger als zehn Minuten mit ihm. Kaufen Sie sich notfalls eine Eieruhr. Wenn die Uhr klingelt, müssen Sie aufhören. Dadurch wirken Sie beschäftigt und geben nicht zuviel über sich selbst oder Ihre Absichten preis (selbst wenn Sie keine haben). Indem Sie das Gespräch als erste beenden, bewirken Sie, daß die Männer mehr von ihnen wollen. Gute Schlußformeln sind: »Ich habe noch so viel zu erledigen«, »Nun, es war wirklich schön, mit dir zu reden«, »Ehrlich gesagt bin ich im Moment ziemlich beschäftigt« oder »Jetzt klingelt's bei mir, ich muß rennen!« Vergessen Sie aber nicht, dabei einen sehr freundlichen Ton anzuschlagen.

Frauen reden gern, und einer ihrer größten Fehler ist, daß sie mit einem Mann so reden, als wäre er eine Freundin, ein Therapeut oder die Nachbarin von nebenan. Denken Sie daran, daß der Mann – zumindest zu Beginn einer Beziehung – ihr Gegenspieler ist. Es steht in seiner Macht, Sie zu verletzen, indem er nie wieder anruft, Sie schlecht zu behandeln oder sich zwar zu melden, sich aber gleichgültig zu geben. *Sie* können ihm einen Korb geben, aber es ist nun mal der Mann, der auf

Sie zugeht, Sie ausführt und Ihnen schließlich einen Heiratsantrag macht. Er nimmt die Dinge in die Hand. Die beste Art, sich Kummer zu ersparen, ist, daß Sie sich nicht so schnell gefühlsmäßig engagieren.

Telefonieren Sie also nicht stundenlang, und erzählen Sie ihm nicht lang und breit von Ihren Gefühlen oder davon, was Sie tagsüber getan haben. Sie werden für ihn sonst zu schnell durchschaubar und laufen Gefahr, ihn zu ermüden oder zu langweilen. Er will schließlich nicht mit seiner verrückten jüngeren Schwester, seiner Quasselstrippe von einer Mutter oder seiner klatschsüchtigen Nachbarin ausgehen. Er will sich mit einer jungen Frau unterhalten, die freundlich, unkompliziert und flott ist. Wenn Sie den Hörer als erste auflegen, brauchen Sie sich nicht den Kopf darüber zu zerbrechen, ob Sie ihn zu lange aufgehalten, ihn gelangweilt oder zuviel von sich selbst preisgegeben haben. Da man, wenn man »verschossen« oder »verliebt« ist, nur schwer den Überblick behält, wieviel Zeit man am Telefon zubringt, schlagen wir nochmals vor, eine Eier- oder Stoppuhr zu verwenden. Wenn sie klingelt, sagen Sie charmant: »Ich muß jetzt wirklich los«. Eine Uhr ist, im Gegensatz zu Ihnen, objektiv.

Egal, ob Sie sich gerade großartig unterhalten und Sie ihm erzählen wollen, welche Erfahrungen im Alter zwischen fünf und sechs Ihr Leben geprägt haben – sobald die Uhr klingelt, ist Schluß mit der Unterhaltung. Vergessen Sie nicht, daß Sie geheimnisvoll wirken wollen. Wenn Sie zuerst auflegen, umgeben Sie sich in seinen Augen mit einer geheimnisvollen Aura. Er wird sich fragen, warum Sie so rasch auflegen mußten, wohin Sie wohl gehen und ob Sie vielleicht einen anderen Mann treffen. Es ist gut, wenn er über Sie nachdenkt.

Vielleicht denken Sie jetzt, Männer könnten Ihre abrupte Art, das Telefongespräch zu beenden, unhöflich finden und nie wieder anrufen. Keineswegs! Oft passiert sogar das genaue Gegenteil, und zwar aus dem einfachen Grund, daß Männer in der Liebe irrational handeln. Unsere Freundin Cindy zum Beispiel stellte ihre Eieruhr eines Abends auf vier Minuten. »Ich muß Schluß machen«, sagte sie, als die Uhr klingelte. Fünf Minuten später rief er wieder an und bestand darauf, daß sie sich künftig zwei- statt nur einmal die Woche sehen sollten. Der Vier-Minuten-Trick hat wie eine Zauberformel gewirkt und ihn ihr nähergebracht, statt ihn (wie man hätte meinen können) zu vergrätzen.

Wenn Sie von Natur aus ein freundlicher Mensch sind, finden Sie diese Methode wahrscheinlich grausam. Sie werden glauben, Sie lassen die Männer leiden, dabei tun Sie ihnen in Wirklichkeit einen Gefallen. Denn so wollen die Männer mehr Zeit mit Ihnen am Telefon und persönlich verbringen. Dank der *Regeln* erfahren sie, was Sehnsucht ist. Sagen Sie sich, daß Sie ihnen einen Gefallen tun, wenn Sie sich herzlos vorkommen.

Ein anderer Trick, einen Mann zur Verzweiflung zu bringen, besteht darin, am Sonntag nachmittag den Anrufbeantworter abzuschalten. Sie werden schon sehen, daß er wie ein Verrückter versucht, Sie zu erreichen. Als Cindy diese Taktik ausprobierte, rief ihr Freund am fraglichen Tag immer wieder an und ließ das Telefon schließlich so lange klingeln, bis der Anrufbeantworter von alleine ansprang. (Manche Geräte schalten sich nach dem vierzehnten Klingelzeichen automatisch an. Können Sie sich vorstellen, wie er das Telefon vierzehnmal klingeln läßt?!) Als er sie abends endlich ans Telefon bekam, fragte er besitzergreifend: »Wo hast du gesteckt?

Ich wollte mit dir aufs Land fahren.« Es ist ein gutes Zeichen, wenn ein Mann sich aufregt; das bedeutet, daß ihm etwas an Ihnen liegt. Wenn Männer nicht wütend werden, sind sie gleichgültig, und wenn sie gleichgültig sind, sind sie mit einem Fuß schon wieder zur Tür heraus. Den Telefonhörer nach ein paar Minuten wieder aufzulegen ist nicht einfach, aber es geht.

Unsere Freundin Jody hatte das Gefühl, Jeff, mit dem sie seit drei Monaten befreundet war, zu »verlieren«, als er sich an einem Samstag abend ziemlich unverbindlich von ihr verabschiedete und sagte: »Ich ruf dich an und sag dir, welcher Abend *mir* nächste Woche paßt.« Jody spürte, wie sich der Spieß zwischen ihnen umdrehte, und wandte eine zwar etwas drastische, aber durchaus notwendige Maßnahme an: Sie ging an dem Abend, an dem er gewöhnlich anrief, nicht ans Telefon, sondern hörte einfach zu, wie es klingelte und klingelte. Als er sie am nächsten Tag in der Arbeit erreichte, war er weniger herablassend und ein bißchen nervös. Er erkundigte sich, welcher Abend *ihr* passen würde! Der Telefontrick hatte funktioniert – und Jeff leistete sich nie wieder so einen Fauxpas.

Hier noch ein Tip fürs Telefonieren: Wenn Sie freitags abends einmal zu Hause bleiben, weil Sie müde sind oder keine Verabredung haben, lassen Sie den Anrufbeantworter laufen oder bitten Sie Ihre Mutter oder Mitbewohnerin, den Anrufern zu sagen, Sie seien nicht zu Hause. Falls er nämlich am Freitag abend zufällig anruft, weil er auch nichts vorhat, wird er glauben, Sie seien nicht da. Das Schlimmste, was Sie tun können, ist, ihm den Eindruck zu geben, daß Sie nichts zu tun haben und nicht von anderen Männern umworben werden. Geben Sie ihm nicht das Gefühl, Sie seien ein Mauerblümchen, selbst wenn Sie eins sind. Reden Sie sich nicht ein, daß etwas Schlimmes daran ist, Spielchen zu spielen. Manchmal haben sie ihr Gutes. Männern gefällt die Vorstellung, eine Frau, wegen der sich alle die Beine ausreißen, erobert zu haben. Zeigen Sie ihm, daß Sie ein erfülltes Leben haben und ein unabhängiger Mensch sind.

Wenn er abends anruft und Sie ans Telefon gehen, glauben Sie bloß nicht, ihm darüber Rechenschaft ablegen zu müssen, was Sie tun. Sagen Sie nach ein paar Minuten einfach (aber nett), Sie seien beschäftigt und könnten nicht länger telefonieren. Sie müssen dabei nicht einmal lügen, denn manchmal sind Sie *tatsächlich* beschäftigt – zum Beispiel, wenn Sie Wäsche waschen, aber sagen Sie ihm nicht, daß Sie gerade Wäsche waschen. Bringen Sie ihn nie auf die Idee, selbst wenn es zutrifft, Sie könnten zu Hause herumsitzen, an ihn denken und die Gästeliste für die Hochzeit zusammenstellen. Männer lieben scheinbar unnahbare Frauen!

Sollten Sie diesen Rat altmodisch finden, denken Sie daran, daß Sie ein erfüllter Mensch sind, ausgeglichen, lebenstüchtig und glücklich, mit Erfolg im Beruf, mit Freunden und Hobbys, und daß Sie ebensogut mit ihm wie ohne ihn leben können. Sie sind keine leere Hülle, die nur darauf wartet, daß er sie mit Leben erfüllt und ihr Kraft gibt. Sie sind quicklebendig und voller Tatkraft, Sie gehen in Ihrer Arbeit auf und genießen Ihr eigenes Leben. Männer mögen Frauen, die ihren eigenen Kopf haben, keine hilflosen Kletten, die auf Erlösung warten. Die *Regeln* sind keine Gebrauchsanleitung zur Erlösung!

Der größte Fehler, den eine Frau machen kann, wenn sie einen Mann kennenlernt, den sie heiraten möchte, ist, daß sie ihn zum Mittelpunkt ihres Lebens macht. Womöglich setzt sie ihren Job aufs Spiel, weil sie am Schreibtisch den ganzen Tag nur von ihrem Prinzen träumt, statt in die Hände zu spucken und zu arbeiten. Sie denkt pausenlos an ihn und redet von nichts anderem. Sie langweilt ihre Freundinnen mit Einzelheiten über jede Verabredung zu Tode. Sie hält unentwegt Ausschau nach Krawatten für ihn oder schneidet Zeitungsartikel aus, die ihn interessieren könnten. So ein Verhalten ist nicht nur krankhaft, sondern auch der sicherste Weg, ihn zu verlieren.

Erstens erdrückt ihn so viel Zuwendung möglicherweise. Zweitens macht er Ihnen vielleicht keinen Antrag. Und drittens »erlöst« er Sie gefühlsmäßig und finanziell womöglich nicht in der Weise, wie Sie es sich vorgestellt haben. Selbst wenn er Sie heiratet, kann es sein, daß er auf einem Abend wöchentlich mit seinen Kumpels, auf seinen Hobbys oder dem Basketballspiel am Sonntag morgen besteht. Außerdem will er vielleicht, daß seine Frau arbeitet. Also gewöhnen Sie sich besser schon jetzt an die Vorstellung, daß Sie Ihr eigenes Leben führen *müssen* – mit einem Beruf, Interessen, Hobbys und Freunden, die die Lücken zwischen Ihren Verabredungen füllen und mit denen Sie sich auch noch nach der Hochzeit treffen. Das Schlimmste, was Sie tun können, wenn Sie mit einem Mann befreundet sind, ist, ihn als Ihren Unterhalter zu betrachten. Rufen Sie ihn nicht an, weil Sie sich langweilen oder Zuwendung brauchen. Seien Sie vergnügt und beschäftigen Sie sich selbst. Er sollte Sie immer auf dem Sprung antreffen.

Immer wieder hören wir von Frauen, deren Horizont schrumpft, kaum daß sie dem Mann ihres Lebens begegnet sind. Wenn *Sie* den Mann Ihres Lebens treffen, ist das genau der richtige Zeitpunkt, um Tennisspielen zu lernen, Ihren Diplombetriebswirt zu machen oder mit Ihren Freunden auf eine Campingreise zu gehen.

Regel Nummer 7

Nehmen Sie nach Mittwoch keine Einladungen mehr für Samstag abend an

Heutzutage ist es gang und gäbe, daß Männer sich mit Frauen für den Abend desselben Tages oder für den nächsten Tag verabreden. Und genauso gang und gäbe ist es, daß die Frauen diese zwanglosen Einladungen in letzter Minute annehmen aus Angst, sie könnten kein besseres Angebot mehr bekommen. Das aber ist keine Verabredung im Sinne unserer *Regeln*. Ein Mann, der Sie heiraten will, wartet nicht bis zur letzten Minute, um sich mit Ihnen zu verabreden. Im Gegenteil, er ist höflich, aufmerksam und umsichtig und hat seinerseits Angst, er könnte Sie eine ganze Woche lang nicht sehen, wenn er nicht rechtzeitig etwas mit Ihnen ausmacht. Und wenn er in Sie verliebt ist, wird ihm eine Woche wie eine Ewigkeit vorkommen!

Natürlich wissen nicht alle Männer, daß sie Sie nicht erst am Donnerstag oder Freitag abend anrufen sollten, um sich mit Ihnen für Samstag abend zu verabreden. Andere Frauen haben sie verdorben, indem sie ihre Einladungen in letzter Minute angenommen haben. Wie gesagt, sollte er sich im Idealfall am Ende Ihres letzten Rendezvous neu mit Ihnen verabreden oder Sie spätestens Montag oder Dienstag anrufen, um etwas für den kommenden Samstag abend auszumachen. Wenn sein erster Gedanke an jedem Morgen Ihnen gilt, und wenn er ständig an Sie denken muß, wird er nicht bis Donnerstag warten, um Sie anzurufen.

Es sagt mitunter einiges über die Gefühle aus, die ein Mann für Sie empfindet, wenn er Sie nicht schon Anfang der Woche anruft. Um ihn dazu zu bringen, Sie früher anzurufen, ist es am besten, ihm einen Korb zu geben, wenn er sich erst am Donnerstag meldet, um sich für Samstag abend mit Ihnen zu verabreden. Hoffentlich versteht er den Wink. Das ist kein Spiel, sondern es ist von grundlegender Bedeutung, daß die Männer Sie schon Anfang der Woche anrufen, denn als Frau, die sich an die *Regeln* hält, können Sie Ihr Leben nicht bis Donnerstag oder Freitag auf Eis legen. Schließlich haben Sie Freunde und jede Menge Pläne. Sie müssen rechtzeitig wissen, ob Sie am Samstag abend ein Rendezvous haben oder mit Ihren Freundinnen ins Kino gehen. Wenn die Männer Sie immer erst donnerstags anrufen, sind Sie nervlich bald ein Wrack. Entweder hören Sie wie eine Besessene andauernd Ihren Anrufbeantworter ab oder fragen, sofern Sie noch bei Ihren Eltern wohnen, pausenlos Ihre Mutter, ob er angerufen hat. Sie leben also in ständiger Erwartung. Das aber sollten Sie keinesfalls. Sie haben Programm.

Wenn er bis Mittwoch abend nicht angerufen hat, schmieden Sie fürs Wochenende andere Pläne und geben ihm freundlich einen Korb, wenn er am Donnerstag anruft und unbekümmert fragt: »Na, Schatz, was hast du Samstag abend vor?« Studieren Sie die folgende Antwort ein, und schlagen Sie dabei einen möglichst liebenswürdigen Tonfall an: »Oh, tut mir wirklich leid, aber ich habe schon was anderes ausgemacht.« Werden Sie nicht schwach und gehen Sie nicht mit ihm aus, auch wenn Sie das viel lieber tun würden, als mit Ihren Freundinnen loszuziehen oder mit einem Mann auszugehen, an dem Ihnen nicht sonderlich viel liegt. Und machen Sie ihm auch kein Gegenangebot wie zum Beispiel: »Aber am Montag habe ich Zeit.« Er soll das Rendezvous ohne Ihre Hilfe auf die Beine stellen. *Machen Sie ihm aber keine Vorwürfe, wenn er erst in der zweiten Wochenhälfte anruft.* Lehnen Sie sehr freundlich aber bestimmt ab. Erzählen Sie ihm auch nicht, was Sie statt dessen vorhaben, denn das geht ihn nichts an. Wichtig ist, daß er Ihre Botschaft kapiert, und die lautet: Wenn du am Samstag abend mit mir ausgehen willst, mußt du mich Montag, Dienstag, spätestens Mittwoch anrufen.

Jetzt mögen Sie denken: »Das ist mir zu streng. Viele Männer rufen an und machen einen Vorschlag, wenn ihnen gerade danach ist. Was ist an Spontaneität Schlimmes?« Das klingt zwar überzeugend, aber die Wirklichkeit sieht etwas unerfreulicher aus. Als Ted unsere Freundin Beth zum erstenmal an einem Donnerstag abend anrief, um sich für Samstag abend mit ihr zu verabreden, sagte sie sofort zu. Damit waren die Weichen gestellt, und danach rief er sie immer in letzter Minute an. Obwohl sie mehrere Monate befreundet waren, verschwendete er unter der Woche nur wenige Gedanken an sie, und sie wurde aus ihrer Beziehung nicht recht schlau, weil sie nie sicher sein konnte, ihn am nächsten Samstag abend wiederzusehen.

Denken Sie daran: So, wie sich ein Mann während der Zeit, in der er um Sie wirbt, verhält – besser gesagt, wie Sie ihm *gestatten*, daß er sich Ihnen gegenüber verhält –, so verhält er sich im allgemeinen auch in der Ehe. Trifft er seine Verabredungen mit Ihnen in letzter

Minute, wird er auch in anderen Dingen erst in letzter Minute aktiv werden und es Ihnen gegenüber an Aufmerksamkeit fehlen lassen. Deshalb sind Verabredungen in letzter Minute schlicht und einfach unzumutbar. Männer, die Sie anrufen, weil sie gerade in Ihrer Nähe sind und Sie zehn Minuten später sehen wollen, mögen wer weiß wie aufregend sein, aber wenn Sie schon zehn Minuten später verfügbar sind, für *wie* schwer zu kriegen werden die Männer Sie dann halten? Wenn Sie nachgeben, werden die Männer Sie wie eine Frau behandeln, die sie schon nach zehn Minuten *haben* können.

Denken Sie aber daran, das Angebot auf liebenswerte Art auszuschlagen. Laden Sie sich nicht negativ auf (»Der Kerl denkt sich überhaupt nichts dabei, mich so kurz vorher anzurufen«), und keifen Sie auch nicht: »Nein, ich habe keine Zeit« und knallen Sie den Telefonhörer hin. Er denkt sich wirklich nichts dabei. Er denkt nicht daran, daß er Sie anders als alle anderen behandeln soll. Lassen Sie ihm Zeit. Folgen Sie unserem Rat, seien Sie nett zu ihm, sagen Sie: »Oje, ich wünschte, ich hätte Zeit!«. Dann seufzen Sie und legen auf. Er wird bald kapieren, daß Sie in Zukunft ein bißchen früher gefragt werden wollen. Noch einmal: Männer wollen Sie nicht kränken, wenn sie in letzter Minute anrufen. Seien Sie also nicht beleidigt, sondern bringen Sie ihnen bei, das nächste Mal früher anzurufen, ohne es aber ausdrücklich von ihnen zu *verlangen*.

Spontaneität äußert sich nicht in Vorschlägen wie: »Hallo, hast du Lust, heute abend ins Kino zu gehen?« Dieser Anruf ist eher auf Langeweile oder auf die Tatsache zurückzuführen, daß die Frau, mit der er eigentlich ausgehen wollte, keine Zeit hat. Er hat Sie nicht lange im voraus angerufen, hat nicht die ganze Woche von Ihnen geträumt und ist nicht aufgeregt geworden bei der Vorstellung, im Kino den Arm um Ihre Schultern zu legen. Für ihn ist eine Verabredung mit Ihnen nichts Kostbares, das genauso vorausgeplant werden muß wie eine Reservierung in einem exklusiven Restaurant. Spontaneität ist etwas Schönes, aber sie sollte sich *während* des Rendezvous äußern – etwa in einem überraschenden Abstecher zum Strand nach dem Abendessen.

Wir hören oft von »spontanen« Frauen, die mit Männern nach vierundzwanzigstündiger Vorankündigung ausgehen. Wir wünschen ihnen viel Glück. Wenn ein Mann weiß, daß er bei Ihnen fünf Minuten, nachdem seine letzte Freundin ihm den Laufpaß gegeben hat, landen kann, dann ruft er Sie an, wenn er einsam ist oder sich langweilt, aber nicht etwa, weil er verrückt nach Ihnen ist. In diesem Fall gilt: Finger weg! Das ist nichts auf Dauer. Freie Geister mögen gegen unsere Ratschläge Einwände haben, aber wenn man dauerhafte Ergebnisse erzielen will, sind wir fest davon überzeugt, daß man eine Partnerschaft wie einen Job angehen sollte, mit Verhaltensregeln und Vorschriften. Genauso, wie Sie von neun bis fünf Uhr arbeiten, egal, wie Sie sich fühlen, sind wir der Meinung, daß Sie den Männern auf subtile Weise beibringen müssen, lange im voraus Pläne, Verabredungen mit Ihnen zu treffen (weil Sie ja so unnahbar, beschäftigt und unternehmungslustig sind!). Lassen Sie den Männern in einer Art Geheimcode eine Botschaft zukommen, die sie sehr wohl verstehen. Machen Sie es ihnen aber zu einfach, ziehen sie garantiert ihren Nutzen daraus, und Sie können Ihre Traumhochzeit vergessen.

Wir sind uns darüber im klaren, daß die Tage zwischen zwei Verabredungen mit dem Mann, nach dem

Sie sich verzehren, lang und qualvoll sein können, aber denken Sie daran: Es ist schlimmer, jede seiner Einladungen unüberlegt anzunehmen und dadurch das Risiko einzugehen, daß Sie ihn schon bald langweilen. Wenn Sie Ihre Trümpfe richtig ausspielen, wird er zu dem Schluß gelangen, daß es nur eine Möglichkeit gibt, Sie immer dann zu sehen, wenn ihm danach ist, sogar in letzter Minute: Er muß Sie heiraten!

Regel Nummer 8

Füllen Sie die Zeit bis zur Verabredung aus

Die meisten Frauen gehen mit überhöhten Erwartungen zu einer Verabredung. Sie wollen, daß der Mann sie schön findet, wieder mit ihnen ausgeht, mit ihnen Kinder in die Welt setzt. Wir brauchen wohl nicht extra zu erwähnen, daß diese Frauen zumeist enttäuscht werden. Deshalb halten wir es für sehr hilfreich – um nicht zu sagen, entscheidend –, sich vor der Verabredung so gut wie möglich zu beschäftigen. Am besten ist, Sie haben bis zu dem Augenblick zu tun, wo es an der Tür klingelt, denn dann sind Sie leicht außer Atem und strotzen vor Energie, wenn Sie ihm schließlich gegenübertreten. Hier sind ein paar Anregungen, was Sie am Tag der Verabredung alles tun können:

1. Um etwas gegen Ihre Aufregung zu tun, gehen Sie ins Fitneßstudio, gönnen Sie sich eine Maniküre oder nehmen Sie ein ausgiebiges heißes Schaumbad.
2. Kaufen Sie sich eine neue Bluse oder eine Flasche Parfum. Gehen Sie zur Kosmetikerin. Verwöhnen Sie sich.
3. Machen Sie ein Nickerchen. Wenn Sie zu den Frauen zählen, die um zehn Uhr abends schläfrig werden, bauen Sie mit einem Mittagsschlaf vor.

4. Gehen Sie ins Kino (schauen Sie sich eine Komödie an, keinen Liebesfilm, damit Ihnen nicht die ganze Zeit romantische Dinge im Kopf herumspuken), lesen Sie Zeitung oder ein Buch, um auf andere Gedanken zu kommen und nicht darüber nachzugrübeln, wie Ihr Vorname zusammen mit seinem Nachnamen klingt. Wenn Sie sich den ganzen Tag beschäftigen, fühlen Sie sich abends in seiner Gegenwart nicht so leer und anlehnungsbedürftig.

Und hier, was Sie *nicht* tun sollen:

1. Reden Sie nicht den ganzen Tag mit Ihren Freundinnen über die Verabredung oder darüber, ob sein Sternzeichen mit Ihrem zusammenpaßt oder woher Sie wissen, daß er der Richtige ist, oder über Beziehungskisten im allgemeinen. Sie sollten am besten überhaupt nicht an die Verabredung denken.

2. Treffen Sie sich weder mit Ihrer Mutter noch mit Ihrer Großmutter oder mit sonst jemandem, der es kaum erwarten kann, bis Sie unter die Haube kommen und Kinder kriegen. Wenn Sie vorher mit diesen Menschen zusammen waren, merkt man Ihnen bei der Verabredung vielleicht an, daß Sie verzweifelt auf der Suche sind. Möglicherweise lassen Sie aus Unachtsamkeit dieses gewisse Wort mit H fallen (Heiraten) und verschrecken ihn.

3. Schreiben Sie Ihren Namen nicht mit seinem in allen möglichen Varianten wie zum Beispiel:

Susan Johnson
Susan Dobbs Johnson
Susan D. Johnson
Haben Sie nichts Besseres zu tun?

Regel Nummer 9

Wie man sich bei der ersten, zweiten und dritten Verabredung verhält

Wenn Sie auch nur ein bißchen wie wir sind, haben Sie bestimmt, bevor er Sie abgeholt hat, lange darüber nachgedacht, was Sie beide alles gemeinsam haben. Und Sie haben sich bereits Namen für Ihre gemeinsamen Kinder ausgedacht, noch bevor er hallo sagen konnte. Diese scheinbar harmlose Träumerei vor einer Verabredung ist gefährlich und wahrscheinlich das Schlimmste, was Sie tun können – abgesehen davon, daß Sie ihm beim Nachtisch Ihre Liebe gestehen. Solche Schwärmereien führen zu unerfüllten Sehnsüchten und unrealistischen Vorstellungen von Liebe und Leidenschaft, und diese wiederum machen Sie übermütig und lassen Sie nach dem ersten Rendezvous Dinge sagen wie: »Ich habe zwei Konzertkarten«. (Natürlich können Sie sich für seine Einladung erkenntlich zeigen, allerdings erst viel später – siehe *Regel Nummer 4*.)

Wenn Sie es irgendwie fertigbringen, denken Sie nicht an ihn, bis er da ist – bei den ersten drei Verabredungen ist das nicht nötig. Beschäftigen Sie sich bis zu der Minute, wo er Sie herausklingelt. Lassen Sie ihn bei der ersten Verabredung nicht hereinkommen, sondern treffen Sie sich mit ihm lieber vor dem Haus oder in einem Restaurant. Erzählen Sie ihm bei den ersten drei

Verabredungen nicht, was Sie tagsüber alles getan haben, als würden Sie sich seit Jahren kennen, weil Sie sich davon versprechen, daß Sie das einander näherbringt. Seien Sie nicht zu ernst oder zu streng, und spielen Sie nicht das Heimchen am Herd. Erwähnen Sie nicht das Wort mit *H*, nicht einmal, um zu erzählen, daß Ihr Bruder vor kurzem geheiratet hat.

Denken Sie daran, daß Sie anders als alle anderen sind, eine schöne Frau, äußerlich und innerlich. Reden Sie sich also nicht ein, Sie müßten an einem Workshop zum Thema Liebe teilnehmen oder in letzter Minute zum Therapeuten gehen, um in guter Form zu sein. Setzen Sie sich auf keinen Fall unter Druck.

Im Grunde brauchen Sie bei den drei ersten Verabredungen nichts weiter zu tun, als einfach nur dazusein, sich zu entspannen und so zu tun, als wären Sie ein strahlend schöner Filmstar. Lesen Sie *Regel Nummer 1* noch einmal: *Seien Sie anders als alle anderen*. Seien Sie charmant und unkompliziert. Lachen Sie über seine Witze, aber übertreiben Sie es nicht. Lächeln Sie viel und fühlen Sie sich nicht verpflichtet, das Gespräch anzukurbeln, wenn es ins Stocken gerät. Überlassen Sie ganz allgemein ihm die Arbeit – Sie abzuholen, das Restaurant auszusuchen, Ihnen die Tür zu öffnen, Ihren Stuhl zurechtzurücken. Seien Sie so ungezwungen, als hätten Sie Verabredungen am laufenden Band und als wäre dies alles für Sie nichts Ungewöhnliches (selbst wenn Sie seit Jahren kein Rendezvous mehr hatten). Wenn Sie schon an etwas denken müssen, dann denken Sie daran, sich in derselben Woche mit einem anderen Mann zu verabreden. Sie sollten immer versuchen, mehrgleisig zu fahren, damit Sie nicht von einem einzigen Mann abhängen.

Beenden Sie das Rendezvous (vergleiche *Regel Nummer 1*), vor allem, wenn er Ihnen gefällt. Werfen Sie nach zwei Stunden (falls Sie nur etwas trinken gegangen sind) oder drei bis vier Stunden (falls Sie essen gegangen sind) einen Blick auf die Uhr und sagen Sie mit einem Seufzen: »Ach du, das war wirklich toll, aber ich habe morgen einen anstrengenden Tag.« Sagen Sie ihm nicht, was Sie am nächsten Tag tun. Nach dem ersten Rendezvous können Sie sich einen flüchtigen Kuß auf die Wange oder die Lippen geben lassen (obwohl Sie vielleicht nach mehr hungern).

Bitten Sie ihn nach dem ersten Abend nicht in Ihre Wohnung. Schließlich ist er für Sie zu diesem Zeitpunkt noch immer ein Fremder. Mehr als die Eingangstür des Hauses, in dem Sie wohnen, sollte er nicht zu sehen kriegen. Das dient vor allem Ihrer Sicherheit. Indem Sie ihn nicht in Ihre Wohnung lassen und auch nicht mit zu ihm gehen, reduzieren Sie drastisch die Gefahr, daß Komplikationen entstehen. Dasselbe gilt für den Fall, daß Sie jemanden in einer Bar oder auf einer Party kennenlernen. Steigen Sie unter keinen Umständen zu ihm ins Auto (nicht, daß Sie in seinem Kofferraum landen!). Laden Sie ihn nicht in Ihre Wohnung ein, und gehen Sie an diesem Abend nicht mit zu ihm. Die Welt ist verrückt. Gehen Sie auf Nummer Sicher!

Verlassen Sie sich bei der zweiten Verabredung auf Ihr Urteilsvermögen. Fühlen Sie sich mit einem Mann wohl, kann er Sie beim nächsten Mal in Ihrer Wohnung abholen und Sie können ihn nach einem gemeinsam verbrachten Abend noch auf ein Glas hereinbitten. Haben Sie jedoch Zweifel, treffen Sie sich mit ihm vor der Haustür und verabschieden Sie sich auch dort von ihm. Spielen Sie nicht mit dem Feuer!

Uns ist bewußt, daß wir von Ihnen verlangen, gegen Ihre Gefühle zu handeln, aber Sie wollen doch heiraten, oder nicht? Einen »One-Night-Stand« kann jeder haben. Kurzum, die ersten drei Rendezvous sollten nach der Formel »Nah, aber unerreichbar« verlaufen. Ziehen Sie sich hübsch an, seien Sie nett, und dann tschüß und ab nach Hause. Nicht zuviel Gefühl, Engagement oder Herzklopfen. Wahrscheinlich fragen Sie sich, wie lange Sie das durchhalten sollen, stimmt's? Keine Sorge, es wird leichter!

Regel Nummer 10

Wie man sich bei der vierten Verabredung verhält, wenn sich die Beziehung allmählich festigt

Bei den ersten drei Verabredungen waren Sie einfach nur anwesend und charmant. Beim vierten Rendezvous dürfen Sie mehr von sich selbst preisgeben. Sie können über Ihre Gefühle sprechen, solange Sie nicht zu dick auftragen, die Therapeutin herauskehren oder in die Mutterrolle schlüpfen. Beweisen Sie Wärme, Charme und Herz. Zeigen Sie Mitgefühl, wenn sein Hund gestorben ist oder »seine« Fußballmannschaft verloren hat. Schauen Sie ihm in die Augen und seien Sie eine aufmerksame, gute Zuhörerin, damit er weiß, daß Sie ein Mensch sind, der sich um andere kümmert – und daß Sie ihm als Frau eine Stütze wären. Nehmen Sie noch immer nicht Worte wie *Heiraten, Hochzeit, Kinder* oder *Zukunft* in den Mund. Diese Themen muß er anschneiden. Er *muß* die Führung übernehmen. Reden Sie über Dinge, die mit Ihrer Beziehung nichts zu tun haben, etwa über Ihre liebste Sportart, Fernsehshow, einen tollen Kinofilm, den Roman, den Sie gerade zu Ende gelesen haben, einen guten Artikel in der Sonntagsausgabe Ihrer Tageszeitung oder eine schöne Ausstellung, die Sie vor kurzem gesehen haben. Ihnen fällt schon etwas ein!

Sagen Sie ihm *nicht*, was Ihr Astrologe, Trainer, Psychiater oder Yogalehrer über Ihre Beziehung mit ihm denkt.

Sagen Sie ihm *nicht*, was für ein seelisches Wrack Sie waren, bevor Sie Seminare und Gurus entdeckten.

Sagen Sie ihm *nicht*, daß er der erste Mann ist, der Ihnen Respekt entgegenbringt. Er könnte Sie für eine Schlampe oder ein Flittchen halten.

Fragen Sie ihn *nicht* über seine vorherigen Beziehungen aus. Das geht Sie nichts an.

Sagen Sie *nicht* mit todernster Miene »Wir müssen miteinander reden«, sonst kippt er Ihnen vom Barhokker.

Schütten Sie ihn *nicht* mit Ihren beruflichen Erfolgen zu. Bemühen Sie sich, *ihn* glänzen zu lassen.

Quälen Sie ihn *nicht* mit Ihren Neurosen!!

Vergessen Sie nicht: Sie müssen all diese Dinge ja nicht ewig für sich behalten. Nur in den ersten Monaten..., bis er sagt, daß er in Sie verliebt ist. Nach und nach geben Sie sich dann so, wie Sie wirklich sind. Männer erinnern sich ihr Leben lang an den Eindruck, den Sie in den ersten Monaten auf sie gemacht haben.

Wenn Sie das nur schwer durchhalten können, beenden Sie die Verabredung zeitig oder treffen Sie sich nicht so oft mit ihm. Wenn Sie alles zu früh herausposaunen, kann das Ihren Zielen zuwiderlaufen. Viele Frauen lernen in der Therapie, sich frühzeitig zu öffnen. Das mag für eine Therapie oder für den Umgang mit einer Freundin gelten, aber nicht für eine Verabredung. Die Regeln ermahnen uns dazu, uns langsam zu öffnen, damit wir die Männer nicht überfordern. Es ist ziemlich egoistisch und rücksichtslos, einen anderen Menschen während eines dreistündigen Rendezvous mit sämtlichen Einzelheiten aus dem eigenen Leben zu überhäufen, finden Sie nicht?

Seien Sie allerdings wiederum nicht so uneigennützig, daß Sie jede seiner Fragen beantworten, obwohl Sie sie zu persönlich finden oder ihn das fragliche Thema zu diesem Zeitpunkt noch nichts angeht. Sagen Sie ihm nichts, was Sie bereuen könnten. Manche Männer horchen Frauen gerne aus, und Frauen geben manchmal mehr preis, als sie eigentlich wollen, weil sie hoffen, die Männer durch ihre Offenbarungen fester an sich zu binden – aber danach fühlen sie sich nicht nur nackt, sondern auch hereingelegt und betrogen. Besser also, Sie quittieren eine allzu persönliche Frage mit einem Lächeln und sagen: »Oh, darüber möchte ich jetzt lieber nicht reden.«

Natürlich kann es sein, daß persönliche Dinge zur Sprache kommen. Dann passen Sie auf, was Sie ihm antworten. Fragt er Sie, wie lange Sie noch vorhaben, in Ihrer Wohnung zu wohnen, antworten Sie, daß Sie gerade den Mietvertrag verlängern. Sagen Sie zum Beispiel nicht, daß Sie darauf hoffen, bald einen Mann kennenzulernen, damit Sie mit ihm in eine größere Wohnung ziehen können, sobald Ihr Mietvertrag ausläuft. Sollte dies tatsächlich Ihre Hoffnung und Ihr Wunsch sein, behalten Sie es für sich, sonst sucht Ihr Gegenüber auf der Stelle das Weite.

Geben Sie sich unabhängig, damit er nicht das Gefühl hat, Sie erwarten von ihm, daß er sich um Sie kümmert. Das gilt für die erste Verabredung genauso wie für die fünfzigste. Als Jill mit Bruce, mit dem sie seit sechs Monaten befreundet war, ein Bett für sich kaufen ging, entschied sie sich bewußt für ein Einzel- und kein Doppelbett. Das kostete sie gewaltige Überwindung, weil sie insgeheim hoffte, daß er der Richtige war, und weil sie wußte, daß sie keine Verwendung mehr für das Bett hätte, sobald sie erst einmal verlobt waren und heirateten. Aber die Bettcouch, auf der sie bisher geschlafen hatte, war kaputtgegangen, und statt Bruce beim Bettkauf zu Rate zu ziehen und ihn zu fragen, welches Modell und welche Größe ihm am besten gefielen – was soviel geheißen hätte wie: dies ist das Bett, das wir eines Tages teilen werden –, erstand sie ein Einzelbett, als hätte sie nicht die geringste Absicht, bald zu heiraten.

Es war wichtig, Bruce beim Bettkauf nicht mit einzubeziehen, denn schließlich waren sie damals noch nicht verheiratet und wußten auch nicht, ob sie je heiraten würden. Das Einzelbett kam natürlich nicht zum Sperrmüll: Es steht nun im Gästezimmer von Jills Schwiegereltern (Bruces Eltern).

Regel Nummer 11

Beenden immer Sie *das Rendezvous*

Wenn Sie bisher ohne die *Regeln* gelebt haben, wissen Sie wahrscheinlich nicht, daß die beiden ersten Verabredungen nicht länger als fünf Stunden dauern sollten. Eine gute Art, das Rendezvous zu beenden, besteht darin, beiläufig einen Blick auf die Uhr zu werfen und so etwas Ähnliches zu sagen wie: »Oje, jetzt muß ich wirklich gehen. Ich habe morgen einen anstrengenden Tag.« (Wohlgemerkt: Sie sagen ihm nicht, *was* Sie vorhaben. Es spielt keine Rolle und geht ihn nichts an.)

Eine Verabredung als erste zu beenden ist nicht ganz einfach, wenn Sie ihn wirklich mögen und heiraten wollen und Sie beide sich außerdem prächtig amüsieren. Aber es muß sein, denn schließlich soll er mehr von Ihnen wollen, nicht weniger. Wenn er mehr über Sie erfahren möchte, kann er Sie am nächsten Tag anrufen oder mit Ihnen, wenn er Sie nach Hause bringt, gleich eine neue Verabredung treffen. Unserer Erfahrung nach wollen einen die Männer anfangs oft, vielleicht sogar jeden Tag sehen, langweilen sich dann aber rasch. Deshalb: Befolgen Sie die Regeln, und seine Begeisterung wird anhalten.

Eine Verabredung nicht zuerst zu beenden ist schlimm genug. Aber noch schlimmer ist es, ein Rendezvous in die Länge zu ziehen, wenn es eigentlich längst vorbei sein sollte. Randy hatte das Gefühl, Bob bei ihrer zweiten Verabredung (Abendessen und Kino) zu verlieren, und deshalb schlug sie ihm vor, noch tanzen zu gehen. Bob wollte sie nicht kränken und willigte ein, rief danach aber nie wieder an. Natürlich hätte Randy den Abend gleich nach dem Kino beenden sollen, aber sie hatte gedacht, sie könnte Bob mit ihrer tollen Tanzerei in der Disco beeindrucken.

Andere Frauen versuchen die erste oder zweite Verabredung in die Länge zu ziehen, indem sie den Mann zum Beispiel auf einen Drink oder Kaffee in ihre Wohnung einladen, damit er sich in ihre Einrichtung oder ihren selbstgebrauten entcoffeinierten Kaffee verliebt. Nein! Wenn, dann sollte *der Mann* versuchen, den Abend in die Länge zu ziehen, nicht Sie. Er sollte vorschlagen, tanzen zu gehen, noch einen Drink zu nehmen oder ein Café zu besuchen, wo Sie beide noch ein Dessert essen und einen Cappuccino trinken können. Schlägt er das von sich aus nicht vor, soll es eben nicht sein. Statt sich den Kopf darüber zu zerbrechen, wie Sie den Abend interessanter gestalten oder verlängern könnten, sollten Sie lieber darauf achten, daß *Sie* ihn beenden.

Regel Nummer 12

Machen Sie mit ihm Schluß, wenn Sie von ihm zum Geburts- oder Valentinstag kein romantisches Geschenk bekommen

Was für ein Geschenk können Sie an Ihrem Geburtstag erwarten, wenn ein Mann in Sie verliebt ist? Im Idealfall ein Schmuckstück, aber auch jedes andere romantische Geschenk ist willkommen. Verstehen Sie uns nicht falsch, diese *Regel* soll keine Goldgräberstimmung auslösen. Es ist nur so: Wenn ein Mann Sie heiraten will, schenkt er Ihnen üblicherweise Schmuck und macht Ihnen keine sportlichen oder praktischen Geschenke wie etwa einen Toaster oder eine Kaffeemaschine. Es kommt nicht darauf an, wie teuer das Geschenk, sondern welcher *Art* es ist. Eine Schreibmaschine kann teurer sein als ein Paar preiswerter Ohrringe, und ein Computer, möchte man glauben, zeugt von Liebe, wo es doch so ein kostspieliger Gegenstand ist. Ein Geschenk wie dieses ist eine Kopfgeburt und kommt nicht von Herzen, und deshalb ist es keineswegs ein verläßliches Liebespfand. Daher gilt: Wenn Sie zu Ihrem Geburtstag oder einem anderen wichtigen Anlaß keinen Schmuck oder sonst ein romantisches Geschenk erhalten, können Sie sich den Mann aus dem Kopf schlagen, weil er Sie nicht liebt und alles dafür spricht, daß Sie das wichtigste Geschenk von allen nie bekommen werden: den Verlobungsring.

Susan weiß ein Lied davon zu singen: Sie bekam von Brian, mit dem sie seit drei Monaten befreundet war, zum Valentinstag einen Trainingsanzug von Sergio Tacchini geschenkt. Als wir ihr sagten, daß es mit ihrer Romanze vorbei sei, entgegnete sie: »Wieso? Der Anzug kostet doch mindestens zweihundert Dollar und kommt in meinem Sportclub bestimmt ziemlich gut an.« Aber wir wußten, daß Susan mit Pralinen oder Blumen besser bedient gewesen wäre. Warum? Weil Brians Geschenk zwar teuer, aber nicht romantisch war. Wenn Männer verliebt sind, schenken sie ein Unterpfand ihrer Liebe, selbst wenn sie knapp bei Kasse sind. Blumen, Schmuck, Gedichte und Wochenendausflüge aufs Land sind typische Geschenke von liebenden Männern. Trainingsanzüge, Bücher, Aktenmappen, Toaster und andere praktische Dinge zählen zu der Art von Geschenken, die Männer machen, wenn sie Sie nett finden, Sie gern haben (wie eine Schwester), Sie aber nicht heiraten wollen. (Wie nicht anders zu erwarten, ließ Brian Susan ein paar Monate später sitzen.)

Wie gesagt: Schenken hat nichts mit Geld zu tun. Wir kennen einen armen Studenten, der sich für seine Freundin zum Valentinstag nur eine Grußkarte für DM 2,50 leisten konnte. Aber dafür brachte er dann vier Stunden damit zu, ein schönes Liebesgedicht hineinzuschreiben. Wenn das kein Geschenk im Sinne der *Regeln* ist! Wie die meisten Frauen wissen, ist die Zeit, die Männer auf eine Sache verwenden, mit Geld nicht aufzuwiegen.

Noch eine Anmerkung zu Grußkarten: Vergewissern Sie sich, ob er mit den Worten »In Liebe« unterzeichnet hat. Männer schicken manchmal völlig unverbindliche Grußkarten. Wenn er nicht mit »In Liebe«

unterschreibt, bilden Sie sich nicht ein, daß er Sie liebt. Als Bobby mit Cheryl befreundet war, unterschrieb er seine Karten immer mit den Worten »Dein Bobby«. (Ich *weiß* einfach, daß er mich liebt, behauptete sie ihren Freundinnen gegenüber.) Irgendwann kam es zur »Aussprache«, und er gestand ihr, daß er sie nicht liebte. Also reden Sie sich nichts ein, sondern lesen Sie, was dasteht!

Während ein romantisches Geschenk zum Geburts-, Valentins- oder einem Jahrestag ein Muß ist, wird Sie ein Mann, der verrückt nach Ihnen ist, auch zwischendurch mit Geschenken überhäufen. Er denkt nämlich ständig an Sie, und deshalb kann es durchaus sein, daß er Ihnen mal ein Stofftier schenkt, das er auf einem Jahrmarkt entdeckt hat, oder irgendeinen Scherzartikel, der seiner Meinung nach perfekt zu Ihnen paßt. Als Patty zum Beispiel Interesse fürs Biking zeigte, kaufte ihr Freund Mike einen schicken Helm für sie. Würde er sie nicht lieben, hätte er ihr den Helm zum Geburtstag geschenkt, aber so schenkte er ihr zum Geburtstag eine Kette und Blumen und den Helm zu ihrem sechsmonatigen »Jubiläum«.

Überschlagen Sie sich nicht vor Dankbarkeit, wenn Sie ein Geschenk erhalten. Als Kevin Lori bei ihrer dritten Verabredung Rosen mitbrachte, war sie außer sich vor Freude. Sie hatte noch nicht oft Blumen von jemandem bekommen, den sie gern mochte, aber sie besann sich auf die *Regeln*, bedankte sich mit einem unverbindlichen Lächeln und stellte sie in eine Vase.

Ganz allgemein gilt: Wenn ein Mann Sie liebt, will er Ihnen etwas Gutes tun, Ihnen etwas geben. Ist zum Beispiel im Restaurant Ihr Glas leer, schenkt er Ihnen nach oder ruft augenblicklich den Kellner herbei. Können Sie im Kino die Leinwand nicht gut sehen, bittet er fünf Leute aufzurücken, damit Sie einen besseren Platz bekommen. Sieht er Sie in Ihrer Handtasche nach einem Kugelschreiber kramen, borgt er Ihnen seinen und fordert Sie auf, ihn zu behalten. Ihm fällt einfach alles an Ihnen auf, nur nicht die schlechten Dinge. Selbst wenn Sie zehn Pfund Übergewicht haben, stört ihn das nicht und er findet Sie hübsch. Bringt aber Ihre Freundin (in die er nicht verliebt ist) dasselbe Gewicht auf die Waage, findet er *sie* dick. Ist ein Mann nicht in Sie verliebt, fällt ihm an Ihnen auch nichts auf, und wenn, dann nur das Schlechte. Dann sagt er zum Beispiel Dinge wie: »Wenn du abnimmst, fahre ich mit dir in Urlaub.« Sie haben das Gefühl, sich seine Liebe verdienen zu müssen. Das ist Liebe mit Auflagen, und an der sind wir nicht interessiert.

Wie gesagt, wir predigen Ihnen hier nicht, sich wie die Prinzessin auf der Erbse aufzuführen, die ständig mit Geschenken überhäuft werden will. Wir wollen Ihnen nur helfen herauszufinden, ob ein Mann Sie wirklich liebt, und wenn nicht, sich nach dem nächsten umzusehen. Heiraten Sie am Ende nämlich einen Mann, der Ihnen zum Geburtstag statt eines Armbands eine Aktenmappe schenkt, sind Sie womöglich zu einem Leben voll praktischer, liebloser Geschenke wie etwa einer Küchenmaschine verdammt und geben Tausende von Mark für eine Therapie aus, um dahinterzukommen, warum in Ihrer Ehe die Romantik fehlt.

Regel Nummer 13

Treffen Sie ihn nicht öfter als ein-, zweimal die Woche

Männer verlieben sich in der Regel schneller als Frauen. Sie *entlieben* sich aber auch schneller. Anfangs wollen sie Sie zwei- oder dreimal die Woche, vielleicht sogar täglich sehen. Wenn Sie darauf eingehen und immer verfügbar sind, werden die Männer irgendwann unruhig und reizbar und rufen nach einer Weile nicht mehr an. Sie werden mitunter launisch und sagen Dinge wie: »Ich weiß auch nicht, was los ist. Ich glaube, ich habe zur Zeit einfach zuviel um die Ohren.«

Um zu verhindern, daß ein Mann allzu schnell genug von Ihnen hat, treffen Sie sich in den ersten ein, zwei Monaten nicht öfter als ein-, zweimal die Woche. Lassen Sie ihn in dem Glauben, daß Sie noch andere Dinge vorhaben und er nicht der einzige Mann ist, für den Sie sich interessieren. Wenn wir eine Frau sagen hören, sie habe gerade den Mann ihres Lebens kennengelernt und sehe ihn jeden Tag, denken wir nur: »Oh, là, là, das kann nicht gutgehen.« Als Frau *muß* man eine Beziehung langsam angehen. Erwarten Sie das nicht von einem Mann.

Wir wissen, wie qualvoll das sein kann. Wenn Sie einen Mann kennenlernen, den Sie mögen und der Sie auch mag, ist es nur natürlich, daß Sie ihn möglichst oft sehen wollen. Sie wollen alles über ihn wissen – seine Lieblingsfarbe, seine letzten Freundschaften, was er zum Frühstück ißt, alles –, und das am besten über Nacht. Deshalb fällt es Ihnen schwer, nein zu sagen, wenn er Sie in einem Atemzug fragt, ob Sie am Samstag abend mit ihm ausgehen, ihn am Sonntag zum Brunch und am Montag zum Abendessen mit anschließendem Kino treffen möchten. Aber, meine Damen, bleiben Sie standhaft! Machen Sie es ihm nicht so einfach, Sie zu sehen. Männer mögen Sport und Spiel – Fußball, Tennis, Blackjack und Poker –, weil sie die Herausforderung lieben. Also seien Sie eine Herausforderung!

Diese Regel gilt ja nicht für immer. Nachdem Sie ihn im ersten Monat nur einmal die Woche gesehen haben, können Sie ihn im zweiten Monat ruhig zwei- bis dreimal, im dritten Monat sogar drei- bis viermal sehen. Aber nie öfter als vier- bis fünfmal die Woche, es sei denn, Sie verloben sich. Männer müssen darauf vorbereitet werden, daß sie Sie heiraten müssen, wenn sie Sie sieben Tage in der Woche sehen wollen. Bis er die erlösenden Worte spricht, müssen Sie sich darin üben, alle weiteren Verabredungen mit ihm auszuschlagen, selbst wenn Sie danach hungern, mehr Zeit mit ihm zu verbringen, und für sich längst entschieden haben: »Das ist der Richtige.«

Fragt er Sie zum Beispiel, nachdem er Sie am Ende Ihrer ersten oder zweiten Verabredung leidenschaftlich geküßt hat: »Was machst du morgen?«, antworten Sie mit honigsüßer Stimme: »Tut mir leid, morgen habe ich schon etwas vor.« Bleiben Sie auf dem Teppich, selbst wenn Ihnen der Duft seines Eau de Cologne zu Kopfe steigt. Und sagen Sie ihm natürlich nicht, was Sie vorhaben, und beziehen Sie ihn nicht in Ihre Pläne ein.

Ein Mann, der Sie liebt und Sie heiraten möchte, läßt sich von der Ein-bis-zwei-Verabredungen-die-Woche-Strategie, die Sie von Anfang an einführen, nicht abschrecken. Wir haben festgestellt, daß nur Männer, die mit Ihnen ausgehen, weil sie ihren Spaß haben wollen oder auf Sex aus sind, ärgerlich oder ungeduldig werden. Lassen Sie sich von diesen Männern nicht auf den Leim führen, wenn sie bei Ihnen den Eindruck zu erwecken versuchen, sie wollten Sie heiraten. Das passiert ständig, und wir nennen es »Standard-Verführungsprogramm«.

Bei der ersten Verabredung zeigt ein Mann dieses Schlages zum Beispiel auf ein Restaurant und sagt: »Hier hat mein Vater meiner Mutter einen Heiratsantrag gemacht«, damit Sie sich in dem Glauben wiegen, er werde sich Ihnen an diesem Ort ebenfalls eines Tages erklären. Oder er spricht von der Zukunft, indem er Andeutungen macht wie: »Im Sommer könnten wir nach Connecticut fahren, und dann gehe ich mit dir in das tolle Lokal, wo man Meeresfrüchte essen kann«. Sie sind natürlich im siebten Himmel und glauben, daß dieser Mann bereits Pläne für Ihr gemeinsames Leben schmiedet. Vielleicht stimmt es ja auch, und er ruft Sie wieder an und möchte mit Ihnen ausgehen. Aber vielleicht ist es auch nur ein Trick, um Sie bei der ersten oder zweiten Verabredung ins Bett zu kriegen.

Wenn Sie auf seine Sprüche hereinfallen und jeden Abend mit ihm ausgehen – weil Sie glauben, daß er es ernst mit Ihnen meint –, dann trifft er sich vielleicht ein paarmal mit Ihnen und geht mit Ihnen ins Bett. Aber danach ruft er Sie womöglich nie wieder an oder, schlimmer noch, er trifft sich weiterhin mit Ihnen, aber Sie müssen mit ansehen, wie sein Interesse immer mehr nachläßt. (Eine schmerzvolle Erfahrung. Es ist wirklich schrecklich, wenn man miterleben muß, wie sich jemand »entliebt«!) Wenn Sie ein bißchen auf die Bremse treten, damit er Sie kennenlernt und sich *richtig* in Sie verliebt, wird Ihnen das nicht passieren.

Regel Nummer 14

Gönnen Sie ihm bei der ersten Verabredung nicht mehr als einen flüchtigen Kuß

Es ist allgemein bekannt, daß Männer bei der ersten Verabredung so viel von einer Frau haben wollen, wie sie kriegen können. Deshalb ist es Ihre Aufgabe, die Bremse zu ziehen. Gönnen Sie ihnen beim ersten Rendezvous einen Kuß, aber nicht mehr. Wenn Sie es dabei bewenden lassen, kommen die Männer erst gar nicht auf den Gedanken, Sie nur als Lustobjekt zu betrachten. Soll sich eine richtige Beziehung entwikkeln, muß er sich in Ihre Seele, Ihr ganzes Wesen und nicht nur in Ihren Körper verlieben. Je weniger das Körperliche in den Vordergrund tritt, desto besser. Auch ist es einfacher, wieder Schluß zu machen, wenn man die Suppe nicht gleich zum Kochen bringt.

Wir wissen, daß das nicht leicht ist, vor allem wenn Sie mit einem gutaussehenden Mann unterwegs sind, der mit Ihnen in seinem Sportwagen durch die Gegend rast und Sie an jeder roten Ampel küßt. Wenn er gut küssen kann, fragen Sie sich bestimmt, worin er noch alles gut ist. An diesem Punkt müssen Sie sich zusammenreißen und sich sagen: »Die *Regeln* erlauben bei der ersten Verabredung nur einen flüchtigen Kuß. Nein, du nimmst ihn nicht mit in die Wohnung. Nein, du läßt nicht zu, daß seine Hände überall hinwandern.« Finden Sie ihn allzu aufregend, beenden Sie das Rendezvous, bevor Sie etwas tun, was Sie später bereuen. Will er mehr von Ihnen, lassen Sie ihn anrufen und Sie um eine zweite Verabredung bitten.

Manche Männer versuchen Ihnen vielleicht einzureden, daß Sie altmodisch oder prüde sind. Andere machen sich über Sie lustig oder werden sogar wütend. Verklickern Sie ihnen so freundlich wie möglich, daß sie Ihnen gestohlen bleiben können, wenn ihnen das nicht paßt! Einen Mann, der Sie unter Druck setzt, sollten Sie nicht mehr treffen. Sagen Sie sich immer, daß andere Frauen solche Männer verdorben haben, indem sie sofort mit ihnen ins Bett gegangen sind. Sie selbst aber lassen sich Zeit. Wenn ihm wirklich etwas an Ihnen liegt, wird er Ihre Grenzen respektieren. Ist er ein Gentleman, wird er das Tempo, mit dem sich das körperliche Verlangen zwischen Ihnen entwickelt, Ihnen überlassen. Vergessen Sie die Theorien über die »freie Liebe« der ausgelassenen sechziger Jahre. Außerdem hat es weder etwas mit Spontaneität noch mit »Coolness« zu tun, wenn Sie ungewollt schwanger werden oder sich eine Krankheit einhandeln.

Wenn Sie außerdem *Regel Nummer 9 (Wie man sich bei der ersten, zweiten und dritten Verabredung verhält)* befolgen, sollte eigentlich alles nach Plan laufen. Wie bereits vorher erwähnt, unterhalten Sie sich am besten über Politik, Immobilien und gute Kinofilme, aber nicht über Ehe, Kinder, Liebe, frühere Liebschaften und sexuelle Positionen. Das Gespräch sollte herzlich, aber nicht überhitzt verlaufen, damit Sie nach dem Dessert nicht im Bett landen. Wenn Sie ihn wirklich mögen, kann es übrigens eine Menge Spaß machen, ihn einfach nur zu küssen!

Regel Nummer 15

Überstürzen Sie es mit dem Sex nicht – und noch ein paar Regeln für Intimitäten

Wann ist der richtige Zeitpunkt für den Sex? Das hängt von Ihrem Alter und Ihren Gefühlen ab. Sind Sie erst achtzehn und noch Jungfrau, werden Sie warten wollen, bis Sie in einer festen Beziehung leben. Sind Sie neununddreißig, können ein, zwei Monate Wartezeit durchaus genügen. Sind Sie allerdings strikt gegen Sex vor der Ehe, sollten Sie warten, bis Sie verheiratet sind. Wenn er Sie liebt, wird er Ihre Entscheidung respektieren, egal, wie sie ausfällt.

Wundern Sie sich aber nicht, falls der Mann, mit dem Sie ausgehen, sehr wütend wird, wenn Sie ihm nach ihrem zweiten Rendezvous vor der Haustür lediglich einen Kuß geben, statt ihn noch auf einen Drink in Ihre Wohnung einzuladen. Er ist wahrscheinlich von anderen Frauen verdorben, die schon bei der ersten oder zweiten Verabredung mit ihm geschlafen haben, und hat nun das Gefühl, daß Sie ihm dieses Vergnügen verweigern. Aber keine Sorge: Wut zeugt von Interesse, und Sie werden staunen, denn er ruft Sie mit größter Wahrscheinlichkeit wieder an!

Was aber, wenn auch Sie großen Spaß am Sex haben und es Ihnen genauso schwerfällt, sich dieses Vergnügen zu verwehren, wie ihm? Dürfen Sie dann beim ersten oder zweiten Rendezvous mit ihm schlafen? Leider heißt die Antwort trotzdem nein. Sie werden sich ein wenig in Selbstbeherrschung üben, etwas für Ihre Persönlichkeitsentwicklung tun und darauf vertrauen müssen, daß Sie es nicht bereuen werden, wenn Sie ein paar Wochen oder Monate *ohne* durchhalten. Warum riskieren, daß er Sie am nächsten Tag im Umkleideraum seinen Freunden gegenüber als leichtes Mädchen bezeichnet (und Sie auch für eins hält)? Lassen Sie ihn lieber wütend sein und sich eine Strategie zurechtlegen, wie er Sie bei der nächsten Verabredung verführt, statt sich an ein anderes Mädchen heranzumachen. Wenn Sie ihn zappeln lassen, wird das sein Verlangen nur noch steigern und die Leidenschaft schüren, wenn Sie dann endlich zu dem von Ihnen bestimmten Zeitpunkt Sex mit ihm haben.

Wir wissen, was für eine Qual es sein kann, den Sex mit jemandem hinauszuschieben, von dem Sie sich angezogen fühlen, aber Sie müssen in diesem Punkt langfristig denken. Wenn Sie Ihre Trümpfe richtig ausspielen, können Sie nach der Hochzeit für den Rest Ihres Lebens jede Nacht mit ihm Sex haben!

Sie mögen nun einwenden, daß es Ihnen nichts ausmacht, schon bei der ersten oder zweiten Verabredung mit ihm ins Bett zu gehen, selbst auf die Gefahr hin, daß er Sie danach nie wieder anruft, denn schließlich sind Sie ein erwachsener Mensch und müssen dann eben in den sauren Apfel beißen. Aus Erfahrung wissen wir jedoch, daß sich die meisten Frauen, die das behaupten, selbst etwas vormachen. Tief in ihrem Inneren läßt es ihnen doch keine Ruhe, wenn ein Mann, mit dem sie geschlafen haben, nicht mehr anruft. Jede Frau möchte, daß der Mann, mit dem sie ins Bett gegangen ist, sie wieder anruft, vorausgesetzt natürlich, sie mag ihn – und wir hoffen für sie, daß sie den Mann, mit dem sie ins Bett geht, auch mag. Alle Frauen in unserem Bekanntenkreis, die behauptet hatten, es wäre in Ordnung, wenn ein Mann nach einer Liebesnacht nicht mehr anruft, fanden es *nicht in Ordnung*, als er sich dann tatsächlich nicht mehr meldete. Wenn Sie bereits bei der zweiten Verabredung mit ihm schlafen, wissen Sie noch gar nicht, ob er ein Gentleman oder ein Schuft ist. Sie sollten da jedoch kein Risiko eingehen. Sie sollten sich sicher sein, bevor Sie Sex haben.

Nehmen wir einmal an, Sie haben eine Weile durchgehalten und sind nun soweit. Welche Regeln sollten Sie im Bett beherzigen? Zeigen Sie auf keinen Fall Ihre Gefühle, egal, wie heiß der Sex ist. Die meisten Frauen verscherzen es sich nicht nur mit den Männern, weil sie zu früh mit ihnen schlafen, sondern weil sie im Bett zuviel reden. Sie versuchen, die körperliche Nähe beim Sex auszunützen, um eine gefühlsmäßige Nähe und Geborgenheit herzustellen und sich für die Zukunft abzusichern. Die Theorien von Masters und Johnson (die mittlerweile geschieden sind) sind zwar nicht von der Hand zu weisen, aber, bitte, warten Sie eine Weile, bevor Sie ihm lange Vorträge über Ihre Bedürfnisse beim Sex oder nach dem Sex halten. Benehmen Sie sich nicht wie ein Feldwebel auf dem Drillplatz, der von ihm dieses und jenes verlangt. Vertrauen Sie einfach darauf, daß Sie Spaß haben und Befriedigung erlangen werden, wenn Sie sich entspannen und ihn Ihren Körper wie ein unerforschtes Gelände erkunden lassen. Sie sollten im Bett nicht kompliziert und fordernd sein. Verzichten Sie auf Beiwerk wie rote Glühbirnen, Duftkerzen oder einschlägige Videos, um Ihr sexuelles Erlebnis abzurunden. Wenn Sie auf solche Dinge zurückgreifen müssen, um ihn in Stimmung zu bringen, stimmt etwas nicht. Ihn sollte allein schon die Vorstellung erregen, daß er mit Ihnen ins Bett geht.

Wenn Sie sich nach dem Sex im Bett aneinanderkuscheln, ist das nicht der richtige Zeitpunkt für Bemerkungen wie: »Soll ich dir im Schrank Platz für deine Kleider machen?« oder: »Ich leg dir eine Zahnbürste ins Badezimmer«. Reden Sie nicht vom Heiraten, von Kindern und von der Zukunft, weder im Bett noch anderswo. Denken Sie daran, daß das *Ihre* Bedürfnisse sind, die Sie gern erfüllt sehen möchten, aber die *Regeln* geben eine Anleitung, wie man eine Beziehung selbstlos gestaltet und lebt. Wenn Männer starke Gefühle empfinden, wollen sie einfach still neben der Frau liegen, die ihnen etwas bedeutet. Frauen sind neugieriger, sie wollen Dinge wissen wie: »Was wird jetzt aus uns, nachdem wir miteinander geschlafen haben?« oder: »Was hat das zu bedeuten, was wir gerade getan haben?« Während Ihnen solche Gedanken im Kopf herumschwirren und Ihr Verlangen, diesen Mann zu besitzen, von Minute zu Minute wächst, versuchen Sie sich zu entspannen und an nichts zu denken.

Klammern Sie sich nicht an ihn, wenn er noch in derselben Nacht oder am Morgen danach weg muß. Lassen Sie sich Ihre Enttäuschung darüber, daß Ihre Zeit zu zweit vorbei ist, nicht anmerken. Wenn Sie das beherzigen, wächst die Wahrscheinlichkeit, daß er derjenige ist, der sich nicht losreißen kann. Versuchen Sie nicht, ihn zum Bleiben zu bewegen, indem Sie ihm ein Frühstück im Bett mit Brötchen und Kaffee vorschlagen. Wenn Sie das tun, wird er vermutlich ins nächste Café rennen, um dort zu frühstücken. Fangen Sie statt dessen den Tag auf

Ihre übliche Weise an – bürsten Sie Ihr Haar, putzen Sie sich die Zähne, machen Sie ein paar Sit-ups und Dehnübungen und kochen Sie Kaffee –, und es kann durchaus sein, daß er anfängt, Ihre Schultern zu massieren, Ihnen Sex am Morgen oder ein nettes Lokal zum Frühstücken vorschlägt.

Gehen Sie schon seit mehreren Wochen mit einem Mann aus, haben aber noch nicht die Absicht, mit ihm zu schlafen, sollten Sie ihm das fairerweise sagen. Führen Sie ihn nicht an der Nase herum. Was aber, wenn *Sie* mehr Lust auf Sex haben als er? Die Antwort lautet: Wenn Sie sich keine Blöße geben wollen, unternehmen Sie nicht den ersten Schritt. Leben Sie allerdings in einer festen Beziehung und wissen, daß er verrückt nach Ihnen ist, können Sie bei passender Gelegenheit ruhig auf spielerische Art den Anfang machen.

Und zu guter Letzt noch ein wichtiger Tip: Benützen Sie beim Sex immer ein Kondom. Lassen Sie sich nicht breitschlagen, wenn ein Mann sagt: »Nur dieses eine Mal.«

Regel Nummer 16

Sagen Sie ihm nicht, was er tun soll

Will Ihr Freund in das neue Fitneßcenter eintreten, das gerade »in« ist und in dem sich lauter langbeinige Modells trimmen, sagen Sie nicht zu ihm, er soll lieber joggen gehen oder zu Hause Gymnastik machen. Sagen Sie: »Das finde ich toll!« und reden Sie ihm nicht hinein. Zeigen Sie ihm Ihre Eifersucht oder Verunsicherung nicht. Wenn er Sie liebt, können die Mädchen im Fitneßstudio noch so hübsch sein.

Möchte er am Wochenende lieber mit seinen Freunden zelten gehen, als mit Ihnen zusammenzusein, lassen Sie ihn oder machen Sie Schluß, aber schreiben Sie ihm nicht vor, was er tun soll. Unsere Freundin Marcy war seit ein paar Monaten mit Joe befreundet, als er plötzlich anfing, Wochenendpläne mit seinen Freunden zu schmieden. Da der Therapeut Marcy dazu geraten hatte, immer offen über ihre Gefühle zu sprechen und nicht damit hinter dem Berg zu halten, sagte sie zu Joe, sie fühle sich vernachlässigt. Sofort machte er für das Wochenende Pläne mit ihr. Sie war außer sich vor Freude. Aber nach einem Monat trauter Zweisamkeit rief er plötzlich nicht mehr an. Sie hörte nie wieder von ihm.

Die Moral von der Geschichte: Spielen Sie nicht den

Programmdirektor. Joe hatte keine Lust, die Wochenenden mit Marcy zu verbringen, und es änderte nichts an seiner Einstellung, als sie ihn mehr oder weniger dazu zwang. Männer tun, was sie wollen. Wenn ein Mann ohne Sie nicht leben kann, ist für ihn die Sache klar. Wenn er ohne Sie leben kann, ist sie ebenfalls klar. Seien Sie nicht dumm. Lesen Sie im Kaffeesatz, und sehen Sie sich notfalls nach einem anderen Mann um!

Wenn er Sie nach Monaten noch immer nicht seinen Eltern oder Freunden vorgestellt hat, bedeutet das, daß er Sie nicht mit ihnen bekannt machen will. Vielleicht ist er in der Hinsicht einfach nur schüchtern. Drängen Sie ihn nicht und schlagen Sie kein Treffen vor, wenn er das Thema nicht von sich aus zur Sprache bringt. Drängen Sie sich seiner Familie nicht auf. Freunden Sie sich nicht mit seinem Mitbewohner an, und laden Sie seine Mutter nicht zum Mittagessen ein, damit sie ihm zuredet, Sie zu heiraten. Niemand kann ihn dazu zwingen. Entweder Sie finden sich mit der Situation ab und haben Geduld, oder Sie treffen sich mit anderen Männern, aber versuchen Sie nicht, die Dinge zu erzwingen.

Und schließlich: Versuchen Sie nicht, sein Leben in irgendeiner Art zu ändern. Gehen Sie nicht seinen Kleiderschrank durch, werfen Sie nicht seine Lieblingsjeans weg, auch wenn sie noch so alt und scheußlich sind, und schlagen Sie ihm nicht vor, mit Ihnen neue kaufen zu gehen. Versuchen Sie nicht, ihm Tennis schmackhaft zu machen, wenn er lieber Bier trinkt und sich Fußball anschaut. Melden Sie ihn nicht bei einem Umschulungskurs an, nur weil *Sie* mit seinem gegenwärtigen Job unzufrieden sind. Zwingen Sie ihm auch nicht Ihre Interessen auf. Wenn er Steaks liebt, predigen Sie ihm nicht die Vorzüge der vegetarischen Ernährung. Er ist nicht

Ihr Eigentum. Stutzen Sie ihm nicht die Flügel. Am Ende fühlt er sich seiner Männlichkeit beraubt und hält Sie für ein herrschsüchtiges, zänkisches Weib. Er möchte mit einer Frau zusammensein, die sein Selbstwertgefühl hebt, nicht beschneidet. Also lassen Sie ihn in Ruhe. Wenn er Sie *fragt*, was er anziehen oder wie er sich beim Tennis anstellen soll, können Sie ihm helfen. Sonst aber halten Sie sich zurück.

Regel Nummer 17

Überlassen Sie ihm die Führung

Eine Beziehung ist wie ein Tanz. Der Mann muß die Führung übernehmen, sonst stolpern Sie über Ihre eigenen Füße. Er sollte als erster sagen: »Ich liebe dich«, »Ich vermisse dich«, »Ich habe meinen Eltern schon so viel von dir erzählt. Sie können es kaum erwarten, dich kennenzulernen.«

Er sollte wie ein offenes Buch, Sie wie ein Buch mit sieben Siegeln sein. Sagen Sie nicht zu ihm, daß er seit langer Zeit der erste ist, für den Sie so viel empfinden, oder daß Sie nie gedacht hätten, sich noch einmal so zu verlieben.

Überlassen Sie also ihm die Führung. Er gesteht Ihnen zuerst seine Liebe, ebenso wie er meistens die Kinofilme, Restaurants oder Konzerte aussucht, die Sie beide besuchen. Vielleicht fragt er Sie gelegentlich nach Ihren Vorlieben, und dann können Sie sie ihm nennen.

Sie sollten seine Eltern kennenlernen, bevor er Ihre kennenlernt, es sei denn, er holt Sie bei Ihren Eltern ab. Lassen Sie Ihren Vater oder Ihre Mutter die Tür öffnen, aber verhindern Sie, daß Ihre Eltern die ganze Zeit dabei sind. Schärfen Sie Ihrer Mutter ein, daß sie ihn nicht wie ihren zukünftigen Schwiegersohn anlächeln und mit keinem Wort die bevorstehende Hochzeit Ihrer Schwester erwähnen soll. Sie wissen ja selbst, wie sehr sich Mütter in das Privatleben ihrer Töchter einmischen können. Seien Sie also ausgehfertig, wenn er kommt – stehen Sie nicht im Badezimmer herum und tragen noch mehr Wimperntusche auf –, damit Ihre Eltern nicht zu viel Zeit mit ihm allein verbringen und ihm womöglich Fragen stellen wie: »Wie läuft das Geschäft?« oder: »Wie sind denn nun Ihre Absichten?«

Dasselbe gilt für Ihre Freundinnen. Er sollte Sie seinen Freunden vorstellen, bevor Sie ihn mit Ihren bekannt machen. Sie sollten paarweise mit seinen verheirateten oder verlobten Freunden ausgehen, bevor Sie es mit Ihren tun.

Letzteres können Sie tun, sobald Sie das Gefühl haben, daß Ihre Beziehung gut läuft, aber erzählen Sie Ihren Freundinnen nicht zuviel über ihn, weil sie sich womöglich verplappern, wenn sie ihm dann begegnen. Sollten Sie sich nicht darauf verlassen können, daß sie den Mund halten und sich diskret verhalten, erzählen Sie ihnen nichts. Das letzte, was Sie brauchen können, ist eine wohlmeinende, aber nicht allzu intelligente Freundin, die sich Schoten leistet wie: »Oh, schön, Sie kennenzulernen. Sheila hat mir schon *so* viel von Ihnen erzählt.«

Keine Sorge: Sobald er Ihnen einen Antrag gemacht hat, wird er alle Ihre Freunde und auch Ihre Familie kennenlernen. Bis dahin überlassen Sie ihm die Führung!

Regel Nummer 18

Erwarten Sie von einem Mann nicht, daß er sich ändert, und versuchen Sie nicht, ihn zu ändern

Angenommen, Sie begegnen dem Mann Ihrer Träume – aber nur fast, denn da sind ein paar Dinge, die Sie stören. Was tun Sie? Nichts! Versuchen Sie nicht, ihn zu ändern, denn Männer ändern sich nie *wirklich*. Sie sollten sich mit seinen Schwächen abfinden oder sich einen anderen suchen. Natürlich spielt dabei eine große Rolle, *was* Sie an ihm stört.

Wenn er einen Sauberkeitsfimmel hat, chronisch zu spät kommt, chinesisches Essen (Ihr Lieblingsessen) oder Tanzen in der Disco (Ihre Lieblingsbeschäftigung) haßt oder sich von seiner Fußballkarten-Sammlung aus der Kindheit nicht trennen kann, Sie aber abgöttisch liebt, dann sollten Sie sich glücklich schätzen. Dies sind zwar ärgerliche, aber weitgehend harmlose Fehler, die wir unter der Kategorie A zusammenfassen.

Flirtet er aber auf Partys vor Ihren Augen mit anderen Frauen, neigt zur Gewalttätigkeit, hört nicht zu, wenn Sie ihm etwas Wichtiges erzählen, oder vergißt Ihren Geburtstag, dann fällt er in die Kategorie B, und Sie sollten noch mal ernsthaft über die Sache nachdenken.

Haben Sie es mit jemandem aus Kategorie A zu tun, nehmen Sie ihn, wie er ist, und kritteln Sie nicht an ihm herum. Es bringt sowieso nichts. Halten Sie sich für neun Uhr abends bereit, wenn er sagt, er kommt um acht.

Legt er jedoch ein Verhalten wie in Kategorie B an den Tag, etwa Untreue oder mangelnde Aufmerksamkeit, denken Sie ernsthaft darüber nach, ob Sie die Beziehung nicht lieber beenden sollten. Menschen ändern sich kaum, und Sie können nicht darauf zählen, daß er es tut. Halten Sie sich genau vor Augen, worauf Sie sich einlassen. Hat ein Mann Sie bereits vor der Ehe betrogen, wird er es vermutlich auch während der Ehe tun. Nachdem Sie ihn das erstemal dabei ertappt haben, zeigt er sich vielleicht eine Zeitlang von seiner besten Seite, aber machen Sie sich nichts vor: Alte Gewohnheiten legt man nur schwer ab.

Sie müssen für sich entscheiden, ob Sie mit ihm leben können. Ob er Sie auch in Zukunft betrügt oder nicht – machen Sie sich klar, daß Ihnen dieser Gedanke immer im Kopf herumspuken wird. Vielleicht fangen Sie sogar an, seine Hemdkragen nach Lippenstiftspuren abzusuchen und seine Taschen nach Papierfetzen mit Telefonnummern von anderen Frauen zu durchforsten oder ihn im Büro anzurufen, wenn er behauptet, er müsse länger als sonst arbeiten. Wollen Sie so leben? Wenn ja, dann treffen Sie Ihre Entscheidung und finden Sie sich damit ab. Der Schlüssel zu einer erfolgreichen Ehe liegt darin, daß man mit der Situation glücklich ist, wie sie ist, statt davon zu träumen, wie alles sein könnte, wenn er sich *doch bloß* ändern würde.

Ein Playboy, der sich in Sie verliebt, weil Sie die *Regeln* angewandt haben, wird sich natürlich von alleine bessern. Er wird von nun an monogam leben wollen, weil Sie im Gegensatz zu anderen Frauen, mit denen er befreundet war, immer sehr beschäftigt sind, ihn nicht anrufen, ihn in punkto Sex zappeln lassen und weder vom Heiraten noch von der Zukunft reden. Deshalb wird es sein Lebensziel werden, Sie zu erobern. An anderen Frauen hat er kaum Interesse, weil er für sie keine Zeit hat! Er verbringt fast seine gesamten wachen Stunden damit, sich zu überlegen, wie er Ihr Herz erobern könnte. Sie sind zur größten Herausforderung seines Lebens geworden. Halten Sie sich an die Regeln, dann können Sie auch den größten Playboy ganz für sich allein haben!

Die Entscheidung, ob Sie mit den schlechten Angewohnheiten eines Mannes oder mit seiner Vergangenheit (Exfrauen und Kinder) leben können oder nicht, ist nicht einfach. Außerdem lassen sich manche Charakterzüge nicht so ohne weiteres in Kategorie A oder B einteilen. Vielleicht zählt Ihr Mann zu denen, die ihre Fähigkeiten nicht ausschöpfen und nicht so viel verdienen, wie sie könnten. Ob Sie mit ihm leben können, hängt davon ab, wie wichtig Ihnen Geld, Karriere, Statussymbole und ein großes Haus sind.

In so einem Fall müssen Sie in sich gehen und andere um Entscheidungshilfe bitten. Es kann helfen, andere zu Rate zu ziehen, aber denken Sie daran, daß *Sie* mit dem Mann leben müssen. Überlegen Sie sich gründlich, ob Sie wirklich einen ehemaligen Schürzenjäger heiraten wollen. Können Sie wirklich mit der Gefahr leben, daß er Sie eines Tages doch wieder betrügt? Überlegen Sie sich, ob Sie mit Ihren Stiefkindern oder seiner treulosen Vergangenheit leben können. Lautet die Antwort ja – großartig. Verunsichert seine Vergangenheit oder sein gegenwärtiges Verhalten Sie aber allzusehr, sollten Sie besser die Finger von ihm lassen. Mit ihm eine Paartherapie zu machen in der Hoffnung, daß ihn das verändert, kann ewig dauern und bringt selten etwas, und manche Dinge lassen sich einfach nicht ändern.

Egal, wie Sie sich entscheiden – kritteln Sie nicht an ihm herum, denn das wird er Ihnen garantiert nachtragen. Denken Sie lieber lange und gründlich nach, aber verschwenden Sie nicht zuviel Zeit für die Entscheidung. Vergessen Sie nicht, daß es noch jede Menge andere Männer gibt!

Regel Nummer 19

Öffnen Sie sich ihm nicht zu schnell

Eine Beziehung ist keine Therapie. Es gibt viele Arten, eine Freundschaft zu zerstören. Immer nur Probleme zu wälzen und alles »auszudiskutieren« ist sicherlich eine davon. Von Therapeuten und Selbsthilfe-Büchern darauf getrimmt, neigen Frauen dazu, den Bogen bei der ersten Verabredung zu überspannen und alles auszupacken: frühere Beziehungen, Enttäuschungen und Ängste, Alkohol- oder Drogenprobleme – in der Absicht, ihre neue Eroberung an sich zu binden. Das ist nicht nur langweilig, sondern auch tödlich. Seien Sie intelligent, aber unbeschwert, interessant und zugleich geheimnisvoll. Deshalb raten wir Ihnen, sich nicht zu schnell zu öffnen (vergleichen Sie auch *Regel Nummer 9: Wie man sich bei der ersten, zweiten und dritten Verabredung verhält)*. Das erste Rendezvous sollte kurz ausfallen, damit Sie nicht zuviel von sich erzählen. Denken Sie daran: Wer viel redet, hat viel zu verlieren.

Nach dem ersten Rendezvous sollte er nur wenig über Sie wissen, etwa Namen und Beruf, wie viele Geschwister Sie haben, wo Sie aufgewachsen sind, wo Sie studiert haben und welches Ihre Lieblingsrestaurants sind. Er sollte nichts über Ihre früheren Freundschaften wissen. Machen Sie ihm keine Vorwürfe, wenn er Sie eine halbe Stunde zu spät abholt, und erzählen Sie ihm auch nicht, daß Sie Angst gehabt hätten, er könnte nie kommen, daß Sie sich allein gelassen gefühlt hätten und daß die Angst vor dem Alleinsein eines der Hauptthemen in Ihrer Therapie darstellt. Sagen Sie nicht, daß sein Verhalten Sie an Ihren Exfreund erinnert, der auch nie pünktlich gewesen ist. Selbst wenn es stimmt, behalten Sie es für sich. Keine Sorge, wenn Sie sich die *Regeln* zu Herzen nehmen, werden Sie automatisch einen liebenden, aufmerksamen Ehemann anziehen, der ständig um Sie herum ist, so daß Sie überhaupt keine Zeit mehr haben, über Ihre Einsamkeit nachzudenken!

Wenn es Ihnen unter den Fingernägeln brennt, ihm ein Geheimnis anzuvertrauen, lautet der Kernsatz: »Gut Ding will Weile haben.« Es empfiehlt sich zu warten, bevor Sie ihm etwas anvertrauen, was Sie später beschämen oder verunsichern könnte. Warten Sie zumindest ein paar Monate. Noch besser: Warten Sie, bis er sagt: »Ich liebe dich«. Liebt er Sie nämlich nicht, geht es ihn sowieso nichts an!

Zu viele Frauen geben allzu früh intime Einzelheiten aus ihrem Leben preis. Das ist nicht nur unklug, sondern führt auch zu nichts. Kein Mann hat Lust, beim ersten Treffen als Ihr seelischer Mülleimer herzuhalten. Kein Mann will hören, wie unglücklich oder chaotisch Ihr Leben bisher verlaufen ist, es sei denn, er liebt Sie *wirklich*.

Sie gehen schließlich nicht mit ihm aus, um Mitleid zu erheischen, sondern um einen netten Abend zu verleben und ihn dazu zu bringen, daß er Sie wieder anruft. Denken Sie daran: Die drei ersten Verabredungen sollen so erfrischend und bezaubernd sein wie eine Sommerbrise. Die Männer sollen den Eindruck gewinnen, daß Sie geheimnisvoll sind. Dieser anfängliche Eindruck hält in der Regel lange vor. Sobald die Sache zwischen Ihnen ernster wird, können Sie ihm beiläufig von Ihrer schwierigen Kindheit und Ihren Ängsten erzählen. Aber selbst dann gilt: Erzählen Sie mit knappen, einfachen Worten. Dramatisieren Sie Ihre Vergangenheit nicht. Gehen Sie nicht zu sehr ins Detail. Werden Sie nicht mühsam.

Nehmen wir einmal an, *Sie* versuchen gerade, vom Alkohol wegzukommen. Er geht mit Ihnen bei Ihrer ersten Verabredung etwas trinken und bei der zweiten essen. Ihm fällt auf, daß Sie beide Male nur Mineralwasser bestellt haben. Nun will er eine Flasche Wein ordern und möchte wissen, ob Sie mittrinken. Sagen Sie nicht: »Nein, ich trinke *nie*. Noch vor zwei Jahren war ich völlig am Boden vor lauter Alkohol und Drogen, aber seit ich bei den Anonymen Alkoholikern bin, bin ich sauber.« Sagen Sie einfach nur mit einem Lächeln: »Nein, danke«. Nach ein paar Monaten, wenn er erst verrückt vor Liebe zu Ihnen ist und Sie das Gefühl haben, daß er wegen Ihrer früheren Trunksucht nicht den Stab über Sie brechen wird, können Sie etwas so Ähnliches zu ihm sagen wie: »Im Studium habe ich ziemlich viel getrunken. Da ging's mir wirklich schlecht. Jetzt mache ich eine Entziehungskur und trinke nicht mehr, und ich fühle mich besser.« Lächeln Sie und leiten Sie zu einem anderen, angenehmeren Gesprächsthema über. Wenn er Sie liebt, gibt er Ihnen keinen Grund, sich schlecht zu fühlen. Er versucht Sie nicht zu überreden, »ein Gläschen« zu trinken. Er trinkt vielleicht sogar selbst weniger, damit Sie sich besser fühlen. Vielleicht sagt er auch, daß er stolz auf Ihre Willenskraft und Disziplin ist.

Wenn Sie eine schlimme Krankheit hatten und sich wegen der deutlich sichtbaren Operationsnarben schämen, warten Sie, bis Sie intim mit ihm werden, und erwähnen Sie die Krankheit beiläufig, während Sie sich ausziehen. Wenn er Sie liebt, wird er Sie küssen und streicheln. Machen Sie die Krankheit nicht bei Ihrem ersten Rendezvous zu einem abendfüllenden, ernsten Thema. Vergessen Sie nicht: Strapazieren Sie ihn, vor allem am Anfang, nicht zu sehr, und legen Sie nicht alle Karten auf den Tisch. Je weniger Sie Ihre Lebensumstände dramatisieren, desto mehr Anteilnahme ernten Sie im allgemeinen. Wollen Sie Anteilnahme dagegen erzwingen, können Sie lange darauf warten.

Wenn Sie mit Geld nicht umgehen können, Ihr Konto immer in den Miesen ist und Ihr Anrufbeantworter voll mit Nachrichten von Leuten, die sauer sind, weil Sie ihnen noch etwas schulden, erzählen Sie ihm nicht, wie chaotisch es mit Ihren Finanzen aussieht und daß Sie das von Ihrem Vater haben, der einmal sogar Ihr Studiengeld verspielt hat. Sie mögen nun den Eindruck haben, wir wollten Sie dazu anhalten, Ihre Probleme herunterzuspielen, aber Tatsache ist doch, daß das Geld bei Ihnen locker sitzt und er bald dahinterkommen wird. Aber muß er wirklich von Ihren Gläubigern und Ihren gesperrten Kreditkarten erfahren? Nein, alles, was er wissen muß, ist, daß der Umgang mit Geld nicht eben Ihre Stärke ist.

Wir verlangen nicht, daß Sie Ihre Schwächen leugnen oder ihn anlügen sollen, sondern raten Ihnen nur, ihn nicht allzu früh mit den nackten Tatsachen zu belasten. Muß er wirklich wissen, daß Ihr letzter Freund mit

Ihrer besten Freundin durchgebrannt ist? Können Sie, wenn er Sie danach fragt, nicht einfach sagen, daß Ihre letzte Beziehung »nicht gutgegangen ist«?

Er sollte immer in dem Gefühl leben, daß er sich in die Frau seiner Träume verliebt hat und nicht etwa in einen Menschen, der einen Knacks hat. Wenn Sie sich einbilden, daß Sie einen Knacks haben (auf die eine oder andere Art haben viele von uns einen), dann lesen Sie immer wieder *Regel Nummer 1*. Denken Sie daran, daß Sie anders als alle anderen sind! Nicht auf die Geheimnisse kommt es an, sondern auf den Zeitpunkt und die Art und Weise, wie Sie ihm davon erzählen.

Spätestens bis zur Verlobung sollte er *alles* Wichtige über Sie, Ihre Familie und Ihre Vergangenheit wissen. Bringen Sie ihm die entsprechenden Dinge auf ruhige, undramatische Weise bei und holen Sie nicht wie manche Frauen die Leichen erst aus dem Keller, wenn Sie verheiratet sind. Das ist nicht der richtige Zeitpunkt, um ihm zu gestehen, daß Sie früher schon einmal verheiratet waren oder nie fertig studiert haben. Das wäre einfach unfair.

Regel Nummer 20

Seien Sie aufrichtig, aber geheimnisvoll

Männer lieben das Geheimnisvolle! Vor fünfzig Jahren war es allerdings einfacher, für die Männer geheimnisvoll zu sein. Damals wohnte man als Frau noch zu Hause bei den Eltern, die Mütter gingen ans Telefon und ließen die Männer nie wissen, wer ihre Töchter noch anrief. Die Verehrer bekamen das Schlafzimmer ihrer Angebeteten nicht so schnell zu sehen. Heutzutage holen die Männer die Frauen in ihren Wohnungen ab, sehen ihre Unterwäsche im Bad, ihre Liebesromane im Wohnzimmer und hören mit, wer ihnen auf den Anrufbeantworter gesprochen hat. Zwar sind offene Verhältnisse für die Ehe eine gute Sache, doch sollte man während der Werbungszeit unbedingt eine gewisse geheimnisvolle Aura aufrechterhalten.

Wir alle sehnen uns nach einem Menschen, mit dem wir unser Leben, unsere Gedanken, unsere Gefühle teilen können, aber wie wir in *Regel Nummer 19* geraten haben, warten Sie besser, bis er Ihnen seine Liebe gesteht, bevor Sie auch Ihre innigsten Geheimnisse mit ihm teilen. Hören Sie nie Ihren Anrufbeantworter ab, während *er* in Ihrer Wohnung ist. Soll er doch rätseln, wer Sie außer ihm noch anruft! Sie ahnen vielleicht, daß die Nachrichten von einer Freundin stammen, die aus Liebeskummer am liebsten Selbstmord begehen möchte, aber er weiß es nicht.

Wenn er bei Ihnen ist und eine Ihrer Freundinnen anruft, um sich zu erkundigen, wie es so läuft, sagen Sie nicht: »Scott ist hier. Ich kann jetzt nicht reden.« Daraus würde er nur schließen, daß Sie mit Ihren Freundinnen über ihn geredet haben und er Ihnen wichtig ist. Selbst wenn es stimmt, sollte »Scott« nicht wissen, daß er Gegenstand Ihrer Gedanken und Gespräche ist, sonst glaubt er nur, er bräuchte sich nicht allzusehr anzustrengen, um Sie zu kriegen. Sagen Sie also einfach: »Ich kann jetzt nicht reden. Ich rufe dich später an.« Sagen Sie ihm nicht, wer angerufen hat und warum.

Bevor er Ihre Wohnung betritt, lassen Sie dieses Buch in einer Schublade verschwinden und vergewissern Sie sich, daß keine anderen Selbsthilfe-Ratgeber herumliegen. Verteilen Sie gut sichtbar ein paar interessante oder beliebte Romane beziehungsweise Sachbücher. Verstecken Sie im Schrank, was er nicht sehen soll, etwa einen schmuddeligen Bademantel oder ein Fläschchen voll Glückspillen.

Geben Sie ihm ganz allgemein keine Auskünfte, die nicht unbedingt vonnöten sind. Haben Sie zum Beispiel an dem Abend, an dem er mit Ihnen ausgehen möchte, schon etwas vor, sagen Sie ihm nicht, was. Teilen Sie ihm lediglich mit, Sie hätten keine Zeit. Will er sich am Wochenende mit Ihnen treffen, sagen Sie nicht: »Am Wochenende besuche ich meinen Bruder. Seine Frau hat gerade ein Kind gekriegt«, sondern schlicht und einfach: »Tut mir leid, aber ich habe schon etwas vor.« Weniger ist mehr. Lassen Sie ihn rätseln, was für Pläne Sie haben. Seien Sie kein offenes Buch. Das ist besser für ihn und für Sie. So bleibt der Reiz länger bestehen. Sie wollen es ihm doch nicht so einfach machen, daß er irgendwann das Interesse an Ihnen verliert! Denken Sie immer daran, daß Sie ihm zur rechten Zeit alles über sich erzählen können.

Auf der anderen Seite lügen Frauen, die sich an die *Regeln* halten, aber auch nicht. Erzählen Sie einem Mann vom Typ Mel Gibson nicht, daß Sie für Ihr Leben gern wandern und in Globetrotter-Läden einkaufen, wenn Sie Natur, Insekten und Rucksäcke nicht ausstehen können. Und erzählen Sie Ihrem Freund vor allem nicht, daß Sie Kinder lieben und unbedingt welche haben wollen, weil er ganz vernarrt in sie ist, wenn Sie in Wirklichkeit für Kinder nichts übrig haben. Befolgen Sie unseren Rat. Lügen Sie nicht. Das ist ein ehernes Gesetz.

Regel Nummer 21

Streichen Sie Ihre Vorzüge heraus – und noch ein paar Tips für Bekanntschaftsanzeigen

Bekanntschaftsanzeigen werden immer beliebter, wenn es darum geht, Männer kennenzulernen. Viele Frauen schrecken jedoch davor zurück, weil sie finden, daß solche Anzeigen wie ein letzter verzweifelter Hilfeschrei wirken. Keine Sorge! Wir kennen jede Menge Frauen, die selbst Anzeigen aufgegeben oder auf welche geantwortet haben, und sie haben auf uns keineswegs verzweifelt gewirkt. Das liegt daran, daß sie sich dabei an die *Regeln* gehalten haben.

1. Wie schreibt man eine Bekanntschaftsanzeige?

Solche Anzeigen können ins Geld gehen, deshalb begrenzen Sie Ihre auf vier oder fünf Zeilen. Anzeigen, die kein Ende nehmen, sind Geldverschwendung und wirken tatsächlich wie ein verzweifelter Hilferuf. (Warum sonst sollte jemand tausend Mark für ein Inserat ausgeben?) Kein Wunder, daß sie vor Gefühlsduseleien nur so triefen und zu viele Einzelheiten enthalten, die niemanden interessieren. (Natürlich mögen Sie Spaziergänge am Strand. Wer tut das nicht?) Die meisten Menschen überfliegen lange Anzeigen oder übergehen sie sogar, und nur wenige antworten darauf. Denken Sie beim Formulieren Ihrer Anzeige an den Stil von Werbesprüchen. Sie sollte knapp, pfiffig und kokett sein – ein Lesevergnügen. Geben Sie nur Größe, Haarfarbe, Konfession, Geschlecht und Beruf an. Spielen Sie nicht aufs Heiraten oder auf Kinder an. Machen Sie keine Angaben über Ihre Vergangenheit – zum Beispiel »geschieden« oder »wieder zu haben«. Schreiben Sie keine Dinge hinein wie: »Ich stehe nicht auf Schminke und Äußerlichkeiten« oder: »Ich bin trotz Übergewicht ein glücklicher Mensch«. Ein Mann wird sich an Ihren überzähligen Pfunden vielleicht nicht stoßen, sobald er Ihr hübsches Gesicht gesehen hat, aber womöglich antwortet er auf eine so offenherzige Anzeige erst gar nicht.

Viele Anzeigen schrecken ab, weil sie nach Mitleid heischen. Die Verfasser hoffen einen dadurch zu ködern, daß sie schreiben, was für gute Menschen sie sind und wie übel man ihnen mitgespielt hat. Zum Beispiel: »Exfrau von Alkoholiker sucht friedfertige verwandte Seele«. Das ist zwar ehrlich, klingt aber ein wenig deprimierend, finden Sie nicht? Hand aufs Herz: Würden Sie auf die Anzeige eines Mannes antworten, der schreibt: »Arbeitsloser Geschäftsführer sucht verständnisvolle Frau«? Es gilt also die Regel: Sie sollen nicht lügen, sich mit Ihrer Offenheit aber auch nicht selbst ein Bein stellen. Lassen Sie das eine oder andere einfach weg. Schreiben Sie zum Beispiel nicht, Sie seien schlank, wenn Sie in Wirklichkeit dick sind. Lassen Sie Ihr Gewicht lieber komplett unter den Tisch fallen und heben Sie statt dessen Ihre blauen Augen und Ihr langes blondes Haar hervor.

Seien Sie nicht schüchtern! Es ist vollkommen in Ordnung, daß Sie die Angel genau nach dem Typ Mann auswerfen, den Sie haben wollen. Wir kennen eine Frau, die sich einen Mann mit Porsche in den Kopf gesetzt hatte. Nun mögen Sie denken, daß diese Frau ganz schön dreist ist oder die Männer ihre Anzeige bestimmt abschreckend fanden, weil ihnen diese Frau ja geldgierig vorkommen mußte. Tatsache aber ist, daß diese Frau Dutzende von Briefen mit Fotos von Männern erhielt, die vor ihrem Porsche posieren, und daß sie einen von ihnen geheiratet hat. Eine andere Frau wollte nur einen Mann, der Gedichte schreiben kann. Darauf schickten ihr die Männer scharenweise Gedichte. Männer lieben die Herausforderung, und sie haben Spaß daran, die Frauen zu beeindrucken, also gönnen Sie ihnen das Vergnügen. Verlangen Sie, was Sie wollen – aber erwähnen Sie auf keinen Fall, daß Sie heiraten möchten.

Bündeln Sie die Antworten zu drei Häufchen: ja, nein, vielleicht. Sortieren Sie Briefe ohne Fotos nicht gleich aus. Männer sind in diesen Dingen oft etwas faul. Wenn Ihnen die Zeilen und der Klang ihrer Stimme am Telefon gefallen, verabreden Sie sich mit ihnen auf einen Drink. Seien Sie aber auf der Hut, wenn ein Mann Ihnen in seinem Brief die eine oder andere wichtige Einzelheit vorenthält. Sie wollen bei Ihrem ersten Rendezvous doch kein blaues Wunder erleben!

2. *Wie man auf eine Anzeige antwortet*

Legen Sie sich schlichtes weißes Briefpapier zu, parfümieren Sie es nicht, versiegeln Sie es nicht mit einem Kußmund und geben Sie *nie* Ihre Adresse an – Sie wollen doch nicht, daß Ihnen vor Ihrer Wohnung ein Verrückter auflauert. (Mehr zum Thema Sicherheit am Ende dieses Kapitels.) Schreiben Sie ein paar flotte Zeilen mit den wesentlichen Fakten. Wenn es in seiner Anzeige hieß: »Heiratswilliger Doppelgänger von Tom

Cruise«, könnten Sie Ihren Brief mit »Lieber Tom« oder »Lieber T. C.« beginnen. Kommen Sie unter keinen Umständen aufs Heiraten zu sprechen, selbst wenn er es in Großbuchstaben geschrieben hat.

Denken Sie daran, daß Sie das nur aus Spaß tun und um nette Männer kennenzulernen. Bei Briefen, in denen von Heiraten, Kindern und Bindung die Rede ist, machen die meisten Männer auf dem Absatz kehrt, selbst wenn sie es selber wollen. Beginnen Sie mit ein paar unbeschwerten Worten, etwa »Ihre Anzeige ist mir ins Auge gesprungen«. (Das klingt so, als hätten Sie zufällig die Seite mit den Annoncen gelesen. Er muß ja nicht wissen, daß es für Sie schon zum Ritual geworden ist, sich am Montag abend über die Bekanntschaftsanzeigen herzumachen und nach einem Mann Ausschau zu halten oder daß Sie in dieser Woche bereits auf zwanzig andere Anzeigen geantwortet haben.)

Verstellen Sie sich nicht. Schicken Sie ihm kein anzügliches Foto oder eine Collage aus einer Modezeitschrift mit Ihrem Kopf über dem Körper von Cindy Crawford. So etwas tun vielleicht Schulmädchen, und außerdem spricht daraus nur Ihre Verzweiflung. Am besten antworten Sie ihm, indem Sie in fünf Minuten ein paar flotte Zeilen aufs Papier werfen, während Sie sich die 23-Uhr-Nachrichten ansehen. Weniger ist mehr. Vergessen Sie nicht, daß er womöglich eine Menge anderer Briefe lesen muß. Beenden Sie Ihren Brief mit Worten wie: »So, jetzt muß ich zum Aerobic-Kurs. Ich hoffe, bald von Ihnen zu hören.« Vermeiden Sie schwülstige Formeln!

Das Wichtigste ist natürlich das Foto. Die meisten Männer entscheiden nämlich anhand des Fotos und nicht Ihres Briefes, ob sie Sie anrufen. Entweder ihnen gefällt Ihr Aussehen oder nicht. Suchen Sie deshalb in Ruhe das richtige Bild aus. Es sollte zirka 9 mal 13 Zentimeter groß sein, nicht etwa Posterformat haben oder ein Schnellschuß aus einer Fotokabine sein, und am besten ist, Sie sind allein drauf und lächeln. Schicken Sie ihm kein Bild, auf dem Sie Ihre einjährige Nichte im Arm halten, einen Bikini tragen oder zusammen mit einer Freundin abgelichtet sind.

Wundern Sie sich nicht, wenn Sie nur ein, zwei Rückantworten erhalten, obwohl Sie selbst auf zwanzig Annoncen geschrieben haben. In der Regel erhalten Männer Hunderte von Briefen. Manche lassen sich mit dem Anrufen Wochen oder Monate Zeit. Wenn Sie schließlich doch einen Anruf erhalten, verabreden Sie sich am besten nur kurz auf einen Drink. Schließlich haben Sie keine Ahnung, wie er aussieht, und vielleicht hat er übertrieben, als er sich selbst als gutaussehend bezeichnete. Genausogut aber kann er Kevin Costner wie aus dem Gesicht geschnitten sein. Bei einem kurzen Treffen können Sie sich in Ruhe überlegen, ob er Ihnen gefällt, und allein darauf kommt es an.

Hier noch ein paar warnende Worte: Eine Verabredung auf der Grundlage einer Partnerschaftsanzeige birgt so manches Risiko, das ausgeschlossen ist, wenn Freunde Sie miteinander bekannt machen. Sie wissen nicht das Geringste über diesen Menschen – also seien Sie vorsichtig! Wenn er Sie anruft, um sich mit Ihnen zu verabreden, fühlen Sie sich nicht verpflichtet, mit ihm auszugehen, wenn er merkwürdig, unbeherrscht oder grob klingt. Mögen Sie ihn und den Klang seiner Stimme aber, verabreden Sie sich mit ihm in einem Restaurant in der Nähe Ihrer Wohnung. Geben Sie ihm *keinesfalls* Ihre Adresse, treffen Sie sich *nie* mit ihm in

Ihrer Wohnung, und gehen Sie nicht darauf ein, wenn er vorschlägt, Sie mit dem Auto abzuholen und zum Restaurant zu fahren. Wenn er wütend wird, weil Sie nicht wollen, daß er Sie zu Hause abholt, oder wenn er Ihnen vorwirft, unter Verfolgungswahn zu leiden, sagen Sie: »Vielleicht sollten wir es lieber seinlassen« und legen Sie auf. Ist jedoch alles in Ordnung, lassen Sie sich unter dem Vorwand, es könnte eventuell etwas dazwischenkommen oder Sie müßten den Termin vielleicht verlegen, seine Telefonnummer geben. Rufen Sie die Nummer zu einem späteren Zeitpunkt an und vergewissern Sie sich, ob es wirklich seine ist. Legen Sie auf, sobald er oder sein Anrufbeantworter sich melden. Geben Sie die Nummer vor der Verabredung Ihrer Mutter oder einer Freundin, damit sie etwas in der Hand haben, falls etwas passiert. Uns ist bewußt, daß diese Vorsichtsmaßnahmen alles andere als romantisch klingen, aber Frauen, die sich nach den *Regeln* richten, gehen nicht unnötig ein Risiko ein!

Regel Nummer 22

Ziehen Sie nicht zu einem Mann (und lassen Sie keine persönlichen Dinge in seiner Wohnung)

Zusammenziehen oder nicht zusammenziehen? Ist das die Frage, mit der Sie gerade ringen? Ihre Freundinnen (die die *Regeln* nicht kennen) werden vielleicht sagen: »Tu es«. Ihre Eltern (die konservativ sind) werden zweifellos sagen: »Nein«. Unsere Antwort lautet: Ziehen Sie erst dann mit ihm zusammen, wenn das Hochzeitsdatum feststeht. Mit anderen Worten: Der einzige Grund, mit jemandem zusammenzuziehen, ist, daß man bereits Hochzeitspläne schmiedet und nicht doppelte Miete bezahlen möchte.

Entgegen der weitverbreiteten Meinung ist das Zusammenleben für den Mann keine Probezeit, um sich über seine Gefühle für Sie klarzuwerden. Er liebt Sie entweder oder nicht, und daran ändert es auch nichts, wenn Sie ihm den Haushalt führen oder ihm wer weiß wie oft Frühstück machen. Am besten findet er heraus, was er für Sie empfindet, wenn er Sie eine Zeitlang nicht sieht. Sie sollten sich vielleicht lieber von ihm trennen, wenn er sich nicht festlegen will. Liebt er Sie aber wirklich, wird er Sie bitten zurückzukommen. Wenn nicht, haben Sie nichts verloren, sondern Zeit gespart und können sich nach einem anderen umsehen.

Frauen, die glauben, daß er sich schon entscheiden

wird, wenn sie sich erst einmal bei ihm breitgemacht haben, müssen oft die schmerzliche Erfahrung machen, daß dies nicht der Fall ist. Bis sie die Lektion allerdings gelernt haben, ist ihr Selbstbewußtsein angeknackst und sie selbst sind zwei, drei oder vier Jahre älter. Klingt Ihnen das vertraut? Nachdem Wendy anderthalb Jahre mit Mitch befreundet war, wünschte sie sich einen Ring. Mitch machte keine Anstalten, einen zu besorgen. Sie beschlossen, zusammenzuziehen und auszuprobieren, ob sie »miteinander klarkamen« (seine Idee und seine Ausdrucksweise). Es änderte sich nichts. War er geschäftlich unterwegs, rief er sie nicht an und dachte auch nicht sonderlich viel an sie. Neun Monate später war er immer noch nicht in sie verliebt und zog aus. Wendy schrieb den Bruch der Tatsache zu, daß sich seine Eltern unter üblen Umständen hatten scheiden lassen, was er immer noch in einer Therapie aufarbeitete. In Wahrheit hätte sie früher mit ihm Schluß machen sollen, nämlich als sie merkte, daß er sich nicht binden wollte.

Wenn Sie in dem Glauben leben, daß es Sie einander näherbringen wird, wenn Sie ohne jegliche Verpflichtung zusammenwohnen, sollten Sie wissen, daß viele Frauen uns erzählen, ihre Männer hätten ihnen einen Antrag gemacht, als sie selbst gerade von ihnen *ab-* und nicht etwa auf sie *zu*rücken wollten. Eine Frau buchte zusammen mit einer Freundin einen Urlaub im Club Med, als sie mit ihrem Freund schon ein Jahr zusammen war, eine andere war an den Wochenenden auf einmal immer beschäftigt und hatte nie Zeit, und eine dritte sprach davon, eine Stellung in einer anderen Stadt anzunehmen. Da plötzlich machten die Männer ihnen einen Antrag.

Sie sollten daran denken, daß Männer nicht gerade

dann um Ihre Hand anhalten, wenn Sie sich gemütlich auf der Couch zusammengerollt haben und sich einen geliehenen Videofilm ansehen, sondern wenn sie Angst haben, Sie zu verlieren. In *Love Story* – einem Film, den Sie sich gründlich ansehen sollten – macht Oliver Jenny (einer Frau im Sinne der *Regeln*, wie man sie sich perfekter nicht vorstellen kann) einen Heiratsantrag, nachdem sie zu ihm gesagt hat, sie wolle in Frankreich ein Stipendium annehmen und außerdem würden sie aufgrund ihrer unterschiedlichen Herkunft (reich/arm) nicht so recht zusammenpassen. Jenny war in diesem Augenblick alles andere als versöhnlich gestimmt oder verliebt – um ein Haar hätte sie mit ihrem Freund Schluß gemacht. (So weit müssen Sie nicht gehen!) Seien Sie aber *ein bißchen* distanziert und schwierig. Das Unerreichbare wirkt immer verlockender. Wenn Männer merken, daß sie etwas nicht kriegen können, wollen sie es manchmal erst recht haben.

Wenn Sie sich an die *Regeln* halten (vor allem an *Regel Nummer 13: Treffen Sie ihn nicht öfter als ein-, zweimal die Woche*), dann können Sie nicht mit ihm zusammenwohnen, weder willentlich noch, weil es sich so ergeben hat. Frauen, die uns erzählen, sie seien bei einem Mann mehr oder weniger zufällig eingezogen, weil sie mit ihm zum Beispiel ein langes Wochenende verbracht haben, haben bis zu diesem Zeitpunkt ganz offensichtlich schon gegen die eine oder andere Regel verstoßen. Wenn Sie viel bei ihm zu Hause sind, ergibt eines das andere: Erst kriegen Sie eine Schublade, dann ein Regal und am Schluß einen ganzen Schrank für sich allein. Bevor Sie oder er sich versehen, wird Ihre Post an seine Adresse geschickt und sprechen Ihre Freunde auf seinen Anrufbeantworter.

Wir müssen wohl nicht extra betonen, daß so etwas nicht passieren sollte. Wenn Sie die *Regeln* befolgen, brauchen Sie keinen Schrank mit Ihren Kleidern und Accessoires in seiner Wohnung. Lassen Sie auch nicht einfach Ihre Zahnbürste oder Ihren Bademantel bei ihm. *Er* sollte Sie bitten, ein paar persönliche Dinge in seiner Wohnung zu lassen, und Ihnen Platz auf der Ablage im Badezimmer machen. Diese »Invasion im kleinen« sollte nicht von Ihnen ausgehen. Sie kommen gut allein zurecht, Sie gehen nicht mit der Brechstange vor, Sie verabschieden sich abends (oder morgens) immer zuerst. (Im übrigen gilt: Je weniger er von Ihren nicht so berückenden Angewohnheiten mitbekommt – etwa die Art, wie Sie sich die Zähne mit Zahnseide reinigen oder geräuschvoll Ihren Kaffee schlürfen –, desto besser.)

Gibt es irgendeinen Grund, mit einem Mann zusammenzuwohnen, wenn noch kein Hochzeitstermin feststeht? Ja, und zwar, wenn *er* will, aber Sie nicht. Ist er nämlich verrückt nach Ihnen, aber Sie sind sich bei ihm noch nicht sicher, dann geht er ein Risiko ein, nicht Sie. Trotzdem raten wir zur Vorsicht. Wenn Sie mit ihm zusammenwohnen, haben Sie vielleicht keine Gelegenheit mehr, mit anderen Männern auszugehen und jemanden kennenzulernen, nach dem *Sie* verrückt sind. Ist es also wirklich so empfehlenswert?

Regel Nummer 23

Lassen Sie sich nicht mit einem verheirateten Mann ein

Mit einem verheirateten (oder anderweitig vergebenen) Mann auszugehen ist nicht nur Zeitverschwendung, sondern auch unehrlich und dumm. Warum tun es trotzdem so viele Frauen? Manche finden es immer noch besser, als überhaupt nicht auszugehen, andere betrachten gerade das Verbotene und Riskante daran (etwa heimliche Schäferstündchen im Hotel) als spannend und aufregend, und wieder andere klammern sich an die Hoffnung, daß solche Männer ihretwegen eines Tages ihre Frauen verlassen.

All diese Frauen haben kein sehr ausgeprägtes Selbstwertgefühl, denn warum sonst sollten sie sich mit so wenig zufriedengeben? Wir sind zwar nicht eben große Fürsprecher einer Therapie, denken aber doch, daß sich die DM 200 pro Stunde lohnen würden, um herauszufinden, warum Sie sich so etwas antun.

Wenn Sie sich mit einem verheirateten Mann einlassen, warten Sie im Grunde Ihr Leben lang darauf, daß er sich von seiner Frau trennt. Immer wieder wird die Frist verschoben: von Thanksgiving auf Weihnachten, dann auf Ostern und schließlich auf Allerheiligen. Sie sitzen neben dem Telefon und warten auf die seltene Gelegenheit, daß seine Frau mit den Kindern zu ihren Eltern fährt und er ein, zwei Stunden mit Ihnen verbringen kann. Und Sie weinen, wenn Sie ihn am Valentinstag, an seinem Hochzeits- oder am Geburtstag seiner Frau nicht sehen können. Sie spielen immer die zweite Geige. Anfangs wirkt alles verheißungsvoll, und mit dem Sex klappt es prima. Aber am Ende heulen Sie sich bei einer Freundin aus und wünschen sich, seine Frau wäre tot.

Von uns haben Sie nicht viel Mitleid zu erwarten. Es ist ungut, sich mit verheirateten Männern einzulassen, und außerdem verstößt es voll und ganz gegen die *Regeln*. Wir nehmen uns nicht, was uns nicht gehört. Wir treffen uns nicht mit verheirateten Männern, weil wir dann unseren Ruf weg und andere Frauen Angst um ihre Freunde oder Ehemänner haben.

Haben Sie erst kürzlich einen verheirateten Mann kennengelernt, nach dem Sie verrückt sind, müssen Sie sich in Selbstbeherrschung üben. Sollte er all die Dinge verkörpern, die Sie sich bei einem Ehemann immer gewünscht haben, dann verkehren Sie auf freundschaftlicher Basis mit ihm und hoffen Sie, daß er sich irgendwann scheiden läßt. Bis dahin müssen Sie sich damit trösten, daß es irgendwo auf der Welt noch so einen Mann wie ihn für Sie gibt – aber ledig. Sie müssen sich beschäftigen, zu Singlepartys gehen, auf eine Bekanntschaftsanzeige antworten oder selbst eine in die Zeitung setzen, Ihre Freunde bitten, Sie mit jemandem bekannt zu machen. Werden Sie aktiv. Werden Sie Mitglied in einem Fitneßstudio, einer Kirchengemeinschaft oder Synagoge, oder helfen Sie als freiwillige Kraft in einem Krankenhaus aus. Sitzen Sie bloß nicht herum und träumen von ihm, sonst leben Sie Ihre Gedanken womöglich noch aus.

Sich mit einem verheirateten Mann einzulassen ist

einfach, weil man seiner Phantasie freien Lauf lassen kann, was seine Verfügbarkeit in der Zukunft betrifft. Auf die Gefahr hin, als Moralapostel dazustehen, möchten wir noch einmal betonen, daß Sie innerlich keinen Frieden finden, wenn Sie sich mit einem verheirateten Mann einlassen. Selbst wenn er seine Frau verläßt, heißt das noch lange nicht, daß er Sie heiratet.

Sie leben nach den *Regeln*! Sie lassen sich von einem Mann nicht an den Rand der Verzweiflung treiben. Entweder ein Mann ist frei und in Sie verliebt oder er ist besetzt und Sie lassen erst keine romantischen Gefühle für ihn aufkommen. Sie sitzen nicht in den Startlöchern und warten verzweifelt darauf, daß sich an seiner Situation etwas ändert. Sie gehören nicht zu denen, die abwarten und Tee trinken, während er mit seiner Frau und den Kindern einen Ausflug nach Disney World macht. Sie haben Ihr eigenes Leben.

Wir möchten dem Eindruck vorbeugen, wir könnten weltfremd sein: Natürlich wissen wir, daß es immer wieder zu außerehelichen Affären kommt und sich manch ein Mann sogar von seiner Frau scheiden läßt, um seine Geliebte zu heiraten. Wir kennen selbst eine Frau, die fünf Jahre darauf gewartet hat, daß der Mann sich von seiner Frau trennt. Jetzt sind die beiden sehr glücklich verheiratet. Bei ihr ist die Suche gut ausgegangen. Wollen Sie das Risiko eingehen?

Regel Nummer 24

Machen Sie ihn behutsam mit Ihrer familiären Situation vertraut – und noch ein paar Regeln für Frauen mit Kindern

Falls Sie geschieden oder alleinerziehende Mutter sind, sollten Sie sich von A bis Z an die *Regeln* halten. Achten Sie vor allem darauf, daß Sie sich bei Ihren Verabredungen nicht lang und breit darüber auslassen, wie sehr Sie in Ihrer ersten Ehe gelitten haben, und reden Sie nicht zuviel über Ihre Kinder.

Sollten Sie einen Mann beim Tanzen oder bei einem gesellschaftlichen Anlaß kennenlernen, besteht keinerlei Grund, ihm sofort von Ihren Kindern zu erzählen. Er soll sich Ihre Telefonnummer notieren, und wenn er dann anruft, können Sie das Thema beiläufig ins Gespräch einfließen lassen. Sagen Sie nicht mit Grabesstimme: »Ich muß Ihnen etwas anvertrauen.« Erinnern Sie sich daran, daß wir Ihnen geraten haben, ihm unaufgefordert höchstens ein paar allgemeine Dinge über sich zu erzählen. Sagen Sie zum Beispiel leichthin: »Oh, das ist mein Sohn. Er spielt gerade Klavier« oder etwas Ähnliches.

Fragt er Sie, ob Sie am Samstag abend mit ihm ausgehen möchten, antworten Sie nicht: »Neun Uhr ist prima, ich muß nur meinem Babysitter Bescheid sagen«. Ersparen Sie ihm Einzelheiten über die Mühsal der Kindererziehung oder darüber, daß Ihr Exmann eigentlich mit dem Babysitten dran war, aber so unzuverlässig ist. Er muß auch nicht wissen, daß Sie seit drei Monaten keine Alimente mehr bekommen haben und Tommy unbedingt neue Turnschuhe braucht. Sagen Sie schlicht: »Samstag um neun ist prima.« Zu diesem Zeitpunkt ist er an *Ihnen* interessiert, nicht an Ihrer Familie oder Ihren Problemen.

Fassen Sie diesen Rat bitte nicht falsch auf. Wir verlangen von Ihnen nicht, daß Sie sich Ihrer Vergangenheit oder Ihrer Kinder schämen. Warten Sie nur ein Weilchen, bevor Sie ihn damit konfrontieren. Bei den ersten Begegnungen wäre es ratsam, Ihren Bekannten vor der Haustür oder in einem Restaurant zu treffen, damit Sie ihn nicht Ihrem Kind vorstellen müssen, und zwar um Ihres Bekannten und um Ihres Kindes willen. Es sollte nicht jeden Tom, Dick oder Harry kennenlernen, mit dem Sie ausgehen, sondern nur die ernsthaften Kandidaten. Warten Sie, bis der Mann den Wunsch äußert, Ihre Kinder kennenzulernen. Es sollte ihm eine Ehre sein und keine Routineangelegenheit. So, wie Sie zu Beginn einer Beziehung mit anderen Dingen hinterm Berg halten, sollten Sie auch in diesem Punkt nichts überstürzen. Lassen Sie ihn für das Privileg, Ihre Liebsten kennenzulernen, ruhig ein bißchen arbeiten (schon wieder? Ja).

Verschanzen Sie sich aber nicht hinter Ihrer Mutterschaft, weil Sie sich nicht trauen, unter Leute zu gehen. Ein Kind zu haben bedeutet mitunter, viel Zeit mit Ehepaaren zu verbringen, und vielleicht fühlen Sie sich unter all den Pärchen, die Sie bei Elternabenden und Veranstaltungen für Ihre Kinder treffen, wie ein fünftes Rad am Wagen. Vergessen Sie nicht, daß es viele alleinerziehende Väter gibt, die wieder heiraten möchten. Also ziehen Sie sich was Hübsches an, setzen Sie ein Lächeln auf und gehen Sie zu den Elternabenden. Seien Sie anderen Menschen gegenüber aufgeschlossen, auch wenn Sie mit Kind unterwegs sind. Man kann nie wissen...

Regel Nummer 25

Auch während der Verlobungszeit und in der Ehe sollten Sie sich an die Regeln halten

Im Idealfall wenden wir die *Regeln* ab dem Augenblick an, in dem wir einen Mann kennenlernen, bis zu dem Moment, in dem er uns seine Liebe eingesteht und uns einen Heiratsantrag macht.

Sollten die *Regeln* für Sie neu sein, dürfen Sie allerdings nicht dem Trugschluß aufsitzen, Sie könnten die Schritte vollkommen ungeschehen machen, durch die Sie Ihren Verlobten oder Ehemann seit Beginn Ihrer Beziehung an sich gebunden haben. Haben Sie zum Beispiel die Initiative ergriffen, ihn angerufen, ihn gefragt, ob er mit Ihnen ausgehen möchte, und so weiter, um der Sache ein bißchen nachzuhelfen, wird er auch in Zukunft nichts anderes von Ihnen erwarten. Er hat sich nicht den Kopf darüber zerbrechen müssen, wie er Sie dazu bringen kann, ihn zu heiraten, weil er wußte, daß Sie ihm sicher sind, denn Sie haben ihm das mit jedem Wort und jeder Geste zu verstehen gegeben, so daß er sich in gewisser Weise in dem Glauben wiegen konnte, Sie in der Tasche zu haben. Wahrscheinlich sind auch nach wie vor Sie diejenige, die die Dinge in die Hand nimmt, ihn zum Sex und/oder romantischen Abendessen verführt, ihn nach seinen Gefühlen für Sie befragt und sich wünscht, er würde weniger Zeit im Büro oder mit seinen Freunden und dafür mehr Zeit mit Ihnen verbringen. Vielleicht fragen Sie sich sogar von Zeit zu Zeit, ob er eine Affäre hat.

Wenn Sie nicht von Anfang an die *Regeln* angewandt haben, kann es durchaus sein, daß Ihr Mann Sie vernachlässigt, in rüdem Tonfall mit Ihnen umspringt oder Sie schlecht behandelt. Sie fragen sich vielleicht: »Ist dieses Verhalten die Folge schlechter Erziehung, oder gibt es da in seiner Vergangenheit ein dunkles Kapitel?« Kann sein. Wir aber sind der Ansicht, es liegt daran, daß Sie die *Regeln* nicht angewandt haben. Er hatte es nie nötig, Sie wie die Frau seiner Träume zu behandeln. Derselbe Mann, der sich einer Frau gegenüber, die ihm nachgelaufen ist, gleichgültig zeigt oder sie vernachlässigt, würde bei einer Frau, die sich an die *Regeln* hält, nicht im Traum auf die Idee kommen, dies zu tun.

Rüpelhaftes Verhalten kommt in einer solchen Beziehung nicht vor, denn wenn Sie schwer zu kriegen sind und er sich sämtliche Beine ausreißt, um Sie zu erobern, wird er Sie für die schönste, wundervollste Frau auf der Welt halten, selbst wenn Sie das nicht sind. Er wird Sie wie ein kostbares Juwel behandeln.

Kein Grund zum Verzweifeln. Fangen Sie jetzt mit den *Regeln* an und ziehen Sie sie durch, so gut es geht. Vielleicht wird er eine Veränderung in Ihrem Verhalten bemerken und sich wieder mehr um Sie bemühen. Hier sind fünf Ratschläge:

1. Rufen Sie ihn nicht so oft in der Arbeit an. Wenn Sie ihn anrufen, halten Sie das Gespräch kurz und sachlich (»Um wieviel Uhr fängt das Kino an?«). Rufen Sie nicht an und säuseln Sie: »Ich vermisse dich. Laß uns

heute abend miteinander schlafen.« Er sollte Sie anrufen, um seinen Gefühlen Ausdruck zu geben.

2. Machen Sie beim Sex nicht den ersten Schritt, selbst wenn Ihnen noch so sehr danach ist. Lassen Sie ihn im Schlafzimmer der Mann, der Angreifer sein. In der Natur ist es nun mal so, daß das Männchen das Weibchen jagt. Wenn Sie ihn ständig zum Sex drängen, wird er sich bald impotent vorkommen. Halten Sie sich bei ihrem ersten Rendezvous an die Regeln. Seien Sie zurückhaltend. Flirten Sie mit ihm, wenn er Sie zu küssen oder Sie in den Hals zu beißen versucht. Das wird ihn in einen Tiger verwandeln.

3. Kleiden Sie sich gut und eine Spur verführerisch. Kein Mann freut sich darüber, wenn er seine Frau zu Hause immer nur in Jogginghosen oder im Bademantel antrifft. Gewöhnen Sie sich an, enge Jeans, Miniröcke oder T-Shirts mit tiefem V-Ausschnitt in leuchtenden Farben zu tragen. Legen Sie etwas Make-up und Parfum auf. Waschen Sie sich häufig das Haar. Tun Sie so, als hätten Sie ein Rendezvous mit ihm.

4. Unternehmen Sie auf eigene Faust etwas. Seien Sie immer *auf dem Sprung*. Sitzen Sie nicht auf dem Sofa herum und warten Sie darauf, daß er endlich nach Hause kommt. Langweilen Sie ihn nicht mit Einzelheiten über Ihren Tag, irgendwelche Schmerzen oder Beschwerden. Nehmen Sie sich mit Ihren Freunden, Kindern oder Nachbarn möglichst viel vor. Gehen Sie ins Kino, oder machen Sie einen Einkaufsbummel. Beschäftigen Sie sich. Dann wird er verzweifelt versuchen, eine Minute Ihrer kostbaren Zeit zu ergattern. Er wird Sie in der Küche abfangen, um Ihnen einen Kuß abzuluchsen, wenn er das Gefühl hat, daß Sie nicht ständig für ihn da sind. Er wird sich aufregen, wenn Sie bei sei-

ner Heimkehr am Telefon sitzen, weil er Sie ganz für sich allein haben will. So sieht es aus, wenn Sie die *Regeln* befolgen. Er wird das Gefühl haben, nie genug von Ihnen zu kriegen. Er wird Sie von der Arbeit aus anrufen, um Ihnen ein Abendessen zu zweit oder einen Wochenendausflug vorzuschlagen. Und genau das wollen Sie. Männer lieben selbständige Frauen, weil sie sie in Ruhe lassen. Es reizt Sie, Frauen nachzustellen, die keine Zeit haben. Das verschafft ihnen einen Nervenkitzel ähnlich wie beim Elfmeterschießen.

5. Legen Sie sich ein Hobby zu. Die meisten Männer sitzen am Sonntag nachmittag am liebsten in einem bequemen Lehnstuhl, schauen sich Fußball an und trinken Bier. Manche nehmen Arbeit aus dem Büro mit nach Hause und verbringen den ganzen Nachmittag vor dem Computer. Frauen fühlen sich leicht vernachlässigt, wenn Ihre Freunde oder Ehemänner sie nicht in ihre Tätigkeit einbeziehen oder ihnen nicht genügend Aufmerksamkeit schenken. Drängen Sie ihn unter keinen Umständen dazu, seine Hobbys, Freunde oder die Arbeit aufzugeben, weil Sie selbst sich langweilen. Wenn Sie noch beschäftigter sind als er, werden Sie mehr Aufmerksamkeit von ihm erhalten. Organisieren Sie Spielnachmittage für Ihre Kinder, gehen Sie joggen oder machen Sie in einem Fitneßstudio bei einem Aerobic-Kurs mit. Dann haben Sie nicht nur etwas zu tun, sondern bringen außerdem Ihre Figur in Schuß, und er wird Sie um so attraktiver finden. Er wird sich vielleicht fragen, ob Sie in Ihrem Lycra-Anzug die Blicke anderer Männer auf sich ziehen. Das tut Ihrer Beziehung nur gut. Es wird in ihm den Wunsch auslösen, den Fernseher oder Computer auszuschalten und die Zeit mit Ihnen zu verbringen. Sie könnten auch für einen guten

Zweck tätig werden, Bücher lesen, eine neue Sportart anfangen. Hauptsache, Sie sind selbständig und gut beschäftigt. Auf die Weise hängen Sie nicht herum und beklagen sich nicht, daß er Ihnen nicht genügend Aufmerksamkeit schenkt!

Leider müssen Sie, wenn Sie die *Regeln* anwenden, manchmal so tun, als wären Sie allein (selbst wenn Sie verheiratet sind und Kinder haben). Seien Sie froh darüber, daß Sie es nicht *sind*!

Regel Nummer 26

Halten Sie sich an die Regeln, selbst wenn Ihre Freunde und Eltern sie für Unfug halten

Erinnern Sie sich noch an Ihre Reaktion, als Sie zum erstenmal dieses Buch gelesen haben? Bestimmt fanden Sie die Idee verrückt, verlogen oder überspannt: »Warum kann es in der Liebe nicht natürlicher zugehen? Warum kann ich einen Mann nicht fragen, ob er mit mir ausgehen will? Schließlich stehen wir an der Schwelle zum 21. Jahrhundert.« Als Sie dann aber merkten, daß Sie auf Ihre Art nicht zurechtkamen, haben Sie Ihre Vorbehalte rasch über Bord geworfen. Eine innere Stimme hat Ihnen gesagt, daß dieses Buch vielleicht Antwort auf Ihre Fragen bietet.

Seien Sie nicht überrascht, wenn die Menschen in Ihrer Umgebung Ihre neue Philosophie nicht unterstützen. Wundern Sie sich nicht, wenn sie Sie für übergeschnappt halten und jeden Schritt, den Sie tun oder nicht tun, in Frage stellen. Ruft der Mann, mit dem Sie befreundet sind, an und hinterläßt bei Ihrer Mutter eine Nachricht, wundern Sie sich nicht, wenn sie Sie wie eine Biene umschwirrt und Ihnen damit in den Ohren liegt, daß Sie ihn sofort zurückrufen sollen. Sagen Sie lieber nicht zu ihr: »Ich kann ihn nicht zurückrufen. Das verstößt doch gegen die *Regeln*«, sondern einfach nur: »Okay, Mom, später. Erst wasche ich mir die Haare.«

Ihre Mutter wird Sie vielleicht piesacken, aber am meisten werden Ihnen wohl Ihre Freundinnen zusetzen, weil sie das alles für Unsinn halten. Vielleicht sagen sie sogar Dinge wie: »Weißt du, heiraten löst auch nicht alle Probleme. Kein Mann hilft dir dabei, zu dir selbst zu finden. Vor dem ›wir‹ kommt das ›ich‹. Du brauchst diese *Regeln* nicht. Was du brauchst, ist eine ordentliche Analyse, um herauszufinden, warum du um jeden Preis heiraten willst!« Antworten Sie darauf nicht: »Wenn ich nicht bald heirate, bringe ich mich um« oder: »Die Tiere sind paarweise an Bord der Arche Noah gegangen«, sondern lächeln Sie nur und wechseln Sie das Thema.

Ihre Freundinnen finden unsere Tips vielleicht verlogen und halten Ihnen vor, daß Sie sich einem Mann so zeigen sollten, wie Sie wirklich sind, und daß es unhöflich ist, ihn nicht an- oder zurückzurufen. Streiten Sie sich nicht mit ihnen und rechtfertigen Sie sich nicht. Wenden Sie in aller Ruhe die *Regeln* an und lassen Sie das Ergebnis für sich selbst sprechen. Tatsache ist doch, daß Ihre Freundinnen und andere Menschen vielleicht gar nicht den brennenden Wunsch verspüren, zu heiraten und Kinder zu kriegen. Sie sind mit ihrem Beruf und ihren Hobbys vielleicht vollauf zufrieden. Dagegen können Sie sich ein Leben ohne Mann nicht vorstellen. Da geht es Ihnen wie uns.

Wir schlagen vor, Sie suchen sich gleichgesinnte Frauen, die heiraten wollen und sich gegenseitig unterstützen wie in einer Selbsthilfegruppe. Rufen Sie sie an, wenn Sie ihn anrufen wollen. Fragen Sie Ihre männlichen Freunde nicht, ob es ihnen gefällt, wenn ihnen eine Frau nachläuft. Doch Vorsicht: Oft antworten sie etwas, und meinen etwas ganz anderes. Wahrscheinlich werden sie Ihnen erzählen, daß sie sich geschmeichelt fühlen, wenn sie von Frauen angerufen und eingeladen werden. Was sie nicht sagen, ist, daß dies nicht die Frauen sind, die sie am Ende heiraten oder mit denen sie auch nur eine Freundschaft anfangen.

Falls Sie keine gleichgesinnten Frauen zu Ihrer Unterstützung finden, lesen Sie aufmerksam in diesem Buch, nehmen Sie es in Ihrer Handtasche mit, um einen Blick hineinwerfen zu können, wenn Sie im Supermarkt Schlange stehen müssen, und üben Sie, was Sie gelesen haben, so oft wie möglich. Glauben Sie uns: Wenn Sie sich an die *Regeln* halten, werden Sie mit Ihrer Beziehung zu Ihrem zukünftigen Ehemann so beschäftigt sein, daß Sie keinen Gedanken daran verschwenden, was die anderen tun oder über Ihr Tun denken.

Regel Nummer 27

Beweisen Sie Köpfchen – und noch ein paar Regeln für Freundschaften während der Schulzeit

Erinnern Sie sich noch an Janis Ians Song »I learned the rules at seventeen, that love was meant for beauty queens«? Wenn man nicht gerade wie Brooke Shields aussieht, kann die Schulzeit ganz schön hart sein. Da gibt es Akne oder das Problem, daß man nicht zur Clique gehört, die gerade »in« ist, ganz zu schweigen davon, daß man womöglich in der Gruppe zum Abschlußball gehen muß, weil man keinen Freund hat. Unsere Regeln für die Schulzeit verhelfen Ihnen zwar nicht zwangsläufig zu einem Partner für den Abschlußball, aber sie zeigen Ihnen, wie Sie Ihre besten Seiten herauskehren können, um für das andere Geschlecht attraktiver zu werden.

1. Sollten Sie sehr unter Akne leiden, gehen Sie zu einem Hautarzt. Verzichten Sie auf fettes Essen – Pizza, Kartoffelchips, Pommes frites –, das Ihr Gesicht ölig glänzen läßt. Essen Sie statt dessen Obst und Gemüse, trinken Sie täglich sechs bis acht Glas Wasser. Es versteht sich wohl von selbst, daß Sie am Samstag abend nicht zu Hause auf Ihrem Bett herumliegen sollten. Amüsieren Sie sich, gehen Sie auf die Rolle! Glauben Sie endlich, daß Sie anders als alle anderen sind! (Siehe *Regel Nummer 1*)

2. Stecken Sie das Geld, das Sie mit Babysitten verdienen, in Maniküren und hübsche Kleider. Schminken Sie sich, aber nicht zu stark. Sie sollen hübsch, aber nicht aufgedonnert aussehen.

3. Wenn Sie sich in einen jungen Mann verguckt haben, in einen Freund Ihres älteren Bruders zum Beispiel, benehmen Sie sich ihm gegenüber nicht wie einer seiner Kumpel. Tragen Sie keine Baseballmützen, und sitzen Sie nicht mit seiner Clique herum und schauen sich ein Fußballspiel an. Sprechen Sie ihn nicht zuerst an. Geben Sie sich zurückhaltend und ein bißchen geheimnisvoll. Warten Sie, bis *er auf Sie* aufmerksam wird.

4. Mischen Sie sich unter Leute, und igeln Sie sich nicht zu Hause ein. Gehen Sie an den Strand, ins Kino, auf Partys, und hocken Sie nicht in Ihrem Zimmer herum, um über Ihre Schwächen nachzugrübeln oder Sylvia Plath zu zitieren. Wenn Sie auf Partys, zum Tanzen oder an den Strand gehen, halten Sie nicht gierig nach einem jungen Mann Ausschau, der Sie ansprechen oder zum Tanzen auffordern könnte. Kauen Sie nicht Kaugummi, und schnattern Sie nicht herum. Gehen Sie aufrecht, als würden Sie ein Buch auf dem Kopf balancieren, blicken Sie geradeaus und versuchen Sie, selbstzufrieden zu wirken, auch wenn Sie einsam sind oder sich zu Tode langweilen.

5. Warten Sie mit dem Sex, bis Sie eine feste Beziehung haben. Verwenden Sie Verhütungsmittel, am besten Kondome. Sie wollen doch nicht schwanger werden oder sich eine Krankheit einhandeln. Überstürztes und unverantwortliches Verhalten ist nicht im Sinne der *Regeln*. In den Neunzigern gilt es wieder als cool und in jedem Fall als sicherer, wenn Sie mit dem Sex warten, bis Sie reif genug sind.

6. Hände weg von Zigaretten, Drogen und Alkohol, selbst wenn ein ziemlich lässiger, gutaussehender junger Mann Sie dazu überreden will. Zigaretten sind ungesund, Drogen und Alkohol trüben den Verstand, machen süchtig und verleiten Sie unter Umständen dazu, etwas gegen Ihren Willen zu tun (etwa bei Ihrer ersten Verabredung mit ihm zu schlafen). Um die Regeln anzuwenden, müssen Sie immer einen Schritt voraus sein. Drogen und Alkohol machen Sie dumm und benommen – und das entspricht ganz und gar nicht den *Regeln*.

7. Die Zeit auf dem Gymnasium ist ideal, um mit neuen Sportarten wie Joggen, Aerobic, Schwimmen oder Tennis anzufangen. Das tut nicht nur Ihrer Figur, sondern auch Ihrem Privatleben gut. Wen lernt man nicht alles auf dem Trimm-Dich-Pfad oder dem Tennisplatz kennen? Außerdem ist es ein gesundes Hobby, und Sie haben im Sommer etwas zu tun. Wenn Sie das nötige Geld haben, können Sie sich überlegen, ob Sie nicht mal in ein Tennis Camp gehen, wo Sie athletische junge Männer in Ihrem Alter treffen. Arbeiten Sie im Sommer, dann nehmen Sie sich zumindest an Ihren freien Tagen vor, an den Strand zu fahren, sich eine (gesunde) Bräune zu holen, kurze Shorts und Bikini zu tragen oder zum Schwimmen, Tennis oder Rollerblading zu gehen.

8. Treten Sie selbstsicher auf, auch wenn Ihnen nicht danach zumute ist. Achten Sie darauf, was für Kleider, Schuhe, Taschen, Schmuck und Frisuren die beliebtesten Mädchen auf dem Gymnasium tragen. Legen Sie es nicht darauf an, anders als die anderen zu sein, und geizen Sie nicht mit Ihren Reizen. Sie würden sich nur kümmerlich fühlen, und das bringt Sie nicht weiter. Da-

mit Sie wissen, was gerade der letzte Schrei ist, abonnieren Sie Magazine wie *Marie Claire* oder *Elle*. Reden Sie sich erst gar nicht ein, daß das oberflächlich und unter Ihrer Würde ist. (Heben Sie sich Ihre Geisteskräfte lieber für die Abschlußprüfungen und den Aufnahmetest an der Uni auf.) Ihnen gefallen doch auch Jungs in Polo-Shirts und Cowboystiefeln, wenn das gerade Mode ist, oder nicht? Nun, genauso gefallen den Jungs flotte Mädchen, die Klamotten tragen, wie man sie gerade in MTV oder in *Marie Claire* sieht.

9. Falls der Junge, auf den Sie ein Auge geworfen haben, Sie nicht fragt, ob Sie mit ihm auf den Abschlußball gehen möchten, fragen Sie ihn auf keinen Fall. Besser, Sie gehen mit einem anderen oder in der Gruppe hin. Fangen Sie schon jetzt mit den *Regeln* an.

10. Wenn Sie das Glück haben, auf dem Gymnasium schon einen Freund zu haben, überlassen Sie es *ihm*, sich Gedanken über die Zukunft zu machen. Suchen Sie sich für Ihr Studium die geeignete Universität aus und nicht zwangsläufig die, auf die er geht. (Wer weiß? Womöglich schreiben Sie sich seinetwegen auf derselben Uni ein wie er, und er läßt Sie sitzen, weil er im Studentenheim ein hübscheres Mädchen erspäht hat.) Suchen Sie sich eine Uni nach Ihrem Geschmack aus, und wenn er Sie sehen will, soll er *Sie* besuchen kommen. Lassen Sie *ihn* anrufen und schreiben. Sofern Sie nicht verlobt sind, gehen Sie mit anderen Männern aus. Verbringen Sie nicht jedes Wochenende mit Ihrem Schulfreund wie manches Mädchen, dem die Trennung schwerfällt. Wenn es Ihnen vorbestimmt ist, Ihren Schulfreund zu heiraten, dann werden daran auch die Entfernung oder die anderen Männer, denen Sie auf der Uni begegnen, nichts ändern.

Regel Nummer 28

Passen Sie auf sich auf –
und noch ein paar Regeln
für Freundschaften während des Studiums

Wenn Sie demnächst auf die Uni gehen, möchten wir Ihnen gerne von vornherein vier Jahre Liebeskummer ersparen. Jetzt, wo die *Regeln* aus Ihrem täglichen Leben nicht mehr wegzudenken sind, geht es darum, die folgenden sieben Fehler um jeden Preis zu vermeiden:

1. Lernen Sie nicht seinen Studienplan auswendig, und folgen Sie ihm nicht wie ein Schatten über das Universitätsgelände, damit er irgendwann auf Sie aufmerksam wird. Das ist zwar eine gute sportliche Übung, bringt Sie aber ansonsten nicht weiter. Entweder er hat längst ein Auge auf Sie geworfen oder nicht.

2. Sitzen Sie nicht den ganzen Abend im Eßsaal herum in der Hoffnung, daß Sie irgendwann zwischen halb fünf und acht Uhr abends einen Blick auf ihn erhaschen. Alles, was dabei herauskommt, sind im Zweifelsfall ein paar Kilo mehr auf den Hüften. (Wollen Sie Ihr Studium etwa in der Cafeteria verbringen und auf Ihren Schwarm warten, bis Sie schwarz werden?)

3. Setzen Sie Ihre Freundin nicht darauf an, sich mit seinem besten Freund zu unterhalten und herauszufinden, wie er Sie findet oder ob er überhaupt weiß, wer Sie sind, und / oder freunden Sie sich nicht mit den Mitglie-

dern seiner Studentenverbindung oder mit seiner Zimmernachbarin an, und erweisen Sie auch keinem seiner Bekannten eine Gefälligkeit. (Damit vergeuden Sie nur Ihre Zeit. Niemand, nicht einmal sein bester Freund, kann ihn dazu zwingen, Sie zu mögen.)

4. Finden Sie nicht heraus, welche Schallplatten oder CDs er am liebsten mag, und spielen Sie die Musik nicht pausenlos. Tragen Sie auch kein T-Shirt mit dem Namen seiner Lieblingsrockband. (Manche Frauen reden sich seltsamerweise ein, daß sich Männer zu Frauen hingezogen fühlen, die sich wie Männer kleiden – sportlich oder sogar schlampig. Dabei kriegen doch die Mädchen in engen Jeans und schicken Blusen die besten Männer ab.) Die *Regel* lautet: Mit Ihrer Kleidung sollen Sie die Männer nicht nachahmen, sondern anziehen.

5. Tun Sie bloß nicht so, als wären Sie fußballbegeistert, nur weil er eine Lieblingsmannschaft hat. Dasselbe gilt für Rauchen und Trinken, falls er diese Angewohnheiten hat. Wir kennen viele Frauen, die bei ihren Verabredungen mit Männern, die rauchten und Alkohol tranken, selbst an einem Glas Mineralwasser nippten und jetzt mit diesen Männern verheiratet sind. Bleiben Sie sich selbst treu.

6. Bieten Sie ihm nicht an, ihm bei einer Arbeit über Shakespeare zu helfen, wenn Literatur nicht gerade zu seinen Stärken zählt, und tippen Sie auch nicht seine Manuskripte in der Hoffnung, daß er dafür mit Ihnen ausgeht. Entweder er will es auch so oder nicht.

7. Nehmen Sie Ihre eigene Sicherheit nicht auf die leichte Schulter! Vergewaltigungen an der Uni sind heute keine Seltenheit mehr. Seien Sie auf der Hut. Studieren Sie lieber im Gemeinschaftsraum oder der Bibliothek, statt mit ihm allein auf seinem Zimmer oder in

seinem Apartment außerhalb des Universitätsgeländes. Sagen Sie *immer* jemandem, wo Sie sind. Frauen, die sich an die *Regeln* halten, gehen kein Risiko ein. Fordern Sie das Schicksal nicht heraus!

Nun wissen Sie, was Sie *nicht* tun sollen. Aber was *sollen* Sie tun, um Ihren Schwarm auf sich aufmerksam zu machen?

1. Studieren Sie! Schließlich gehen Sie deshalb auf die Uni! Klug ist sexy!
2. Essen Sie maßvoll, selbst wenn Ihre Freundinnen in der Cafeteria Unmengen in sich hineinstopfen und sich um Mitternacht noch Pizza auf ihre Zimmer liefern lassen. Am besten nehmen Sie aus dem Eßsaal etwas Obst als kleinen Mitternachtsimbiß mit auf Ihr Zimmer. Sagen Sie sich während der Pizzaorgie, daß wenigstens Ihnen morgen noch Ihre Jeans passen werden.
3. Schminken Sie sich. Lesen Sie *Gala* und andere beliebte Modezeitschriften.
4. Gehen Sie neben Ihren Studien noch einer anderen Beschäftigung nach, am besten einer, die Sie interessiert und bei der Sie auf ungezwungene Art Männer kennenlernen.
5. Hocken Sie freitags und samstags abends nicht allein mit einem Buch von Jean-Paul Sartre in Ihrem Zimmer herum. Diese beiden Abende sind dazu da, um unter Leute zu gehen. Sartre können Sie am Montag lesen.
6. Stecken Sie sich ein höheres Ziel, und planen Sie Ihre berufliche Laufbahn. Schließlich gehen Sie nicht auf die Uni, um Ihr »Ehediplom« zu machen, obwohl Sie Ihren zukünftigen Mann natürlich auch auf der Uni

kennenlernen können. Trotzdem müssen Sie etwas für Ihren Kopf tun, um seinet- und Ihrer selbst willen. Seien Sie keine dumme Gans!

Regel Nummer 29

Der Nächste bitte! Oder: Wie man mit einer Enttäuschung fertig wird

Im Leben geht es nicht immer gerecht zu. Glücklicherweise aber bewahren die *Regeln* Sie davor, von einem Mann unnötig verletzt zu werden. Sofern wir selbständig und gut beschäftigt sind, statt nach einem Mann zu gieren und ihm nachzulaufen, geben wir uns nie eine Blöße.

Trotzdem können wir nicht erzwingen, daß uns ein bestimmter Mann mag, oder verhindern, daß er uns sitzenläßt und sich mit einer Frau trifft, die ihm besser gefällt. Auch sind wir wehrlos, wenn eine Exfreundin ihn zurückerobert. Wie aber verhalten wir uns, wenn wir sitzengelassen werden?

Unsere natürliche Reaktion mag darin bestehen, daß wir uns wie gelähmt fühlen, uns einigeln, uns wünschen, wir wären tot, uns das Haar nicht mehr waschen und uns nicht mehr schminken, daß wir weinen, viel schlafen, uns traurige Liebeslieder anhören und uns einreden, wir würden nie wieder einem so perfekten Mann wie ihm begegnen. Vielleicht finden wir Trost im Kühlschrank oder reden pausenlos mit unseren Freundinnen über ihn. Natürlich ist so ein Verhalten lächerlich. Geben Sie sich zwei Tage, und dann auf zu neuem Glück!

Unser Rezept für verschmähte Frauen lautet: Ziehen

Sie ein tolles Kleid an, tragen Sie schmeichelhaftes Make-up auf, gehen Sie zur nächstbesten Party oder zu einem Tanzabend für Singles und sagen Sie Ihren Freundinnen, Sie seien für *blind dates* zu haben. Hoffentlich haben Sie die *Regeln* bis zum Bruch mit Ihrem Freund fleißig befolgt, denn dann stehen in Ihrem Kalender bereits jede Menge anderer Verabredungen. Vergessen Sie nicht: Bis der Ring an Ihrem Finger steckt oder Sie vergeben sind – mit vergeben meinen wir, daß er ernsthaft die Absicht hat, Sie zu heiraten, und es nur eine Frage der Zeit ist, bis er die entscheidende Frage stellt, und nicht etwa, daß er nur so lange mit Ihnen zusammen ist, bis ihm eine bessere über den Weg läuft –, sollten Sie sich mit anderen Männern treffen. Nichts eignet sich besser, um einen schweren Schlag abzufedern, als die Verehrung und Aufmerksamkeit anderer Männer.

Egal, was Sie tun, verlieren Sie wegen dieses einen Mannes nicht den Kopf. Haben Sie Vertrauen und glauben Sie an die Vielfalt dieser Welt. Halten Sie sich vor Augen, daß er nicht der einzige Mann auf Erden ist, daß es noch viele andere und darunter bestimmt einen für Sie gibt. Sprechen Sie mit Freundinnen, die ebenfalls sitzengelassen worden sind und später den Mann ihres Lebens kennengelernt haben. Sie werden Ihnen erzählen, wie froh sie jetzt darüber sind, daß sich Soundso von ihnen getrennt hat, auch wenn sie sich dessen zum damaligen Zeitpunkt nicht bewußt waren. Trösten Sie sich mit aufmunternden Sprichwörtern, etwa »Für jede Tür, die sich schließt, tut sich eine andere auf« und anderen positiven Leitsätzen, die Ihnen einfallen.

Denken Sie daran: Frauen, die sich an die *Regeln* halten, trauern einem Mann nicht nach. Sie sagen »Sein

Pech!« oder »Der Nächste bitte!« Sie blasen nicht Trübsal. Sie zerreißen sich nicht innerlich und wünschen sich nicht, daß sie dieses oder jenes anders angepackt oder gewisse Dinge nicht gesagt hätten. Sie schreiben Männern keine Briefe, in denen sie ihnen anbieten, sich zu ändern oder alles wieder in Ordnung zu bringen. Sie rufen sie nicht an oder lassen ihnen durch Freunde Nachrichten zukommen. Sie akzeptieren, daß es vorbei ist, und finden sich damit ab. Sie vergeuden keine Zeit.

Regel Nummer 30

Erzählen Sie keinem Therapeuten von den Regeln

Sie sind daran gewöhnt, mit Ihrem Therapeuten über alles zu reden, und deshalb ist es nur natürlich, daß Sie ihm oder ihr auch von den *Regeln* erzählen wollen. Wir raten Ihnen jedoch stark davon ab, allzusehr ins Detail zu gehen, und zwar aus folgenden Gründen:

1. Manche Therapeuten halten die *Regeln* vielleicht für unehrlich und zu drastisch. Sie werden Sie dazu ermuntern, in Ihrer Beziehung zu Männern offen und verwundbar zu sein und die Dinge auszusprechen, statt Ihre Zuneigung oder Ihren Kummer für sich zu behalten. Darauf beruht nämlich jede Therapie. Dieser Rat mag sehr wertvoll sein, wenn es darum geht, Probleme mit der Familie oder mit Freunden zu lösen, aber im Anfangsstadium einer Beziehung ist er fehl am Platz. Zu Beginn einer romantischen Liebesgeschichte müssen Sie sich leider geheimnisvoll geben und nicht wie ein offenes Buch sein.

2. Manche Therapeuten ahnen nicht, wie sehr sich Frauen mitunter Männern aufdrängen, die von ihnen nichts wissen wollen, und/oder wie sie eine Beziehung mit aller Macht vom Zaun brechen wollen. Wenn die Therapeuten wüßten, wie wir uns auf dem Universitäts-

gelände herumgedrückt haben, in der Hoffnung, dem Mann unserer Träume in die Arme zu laufen! Wenn sie wüßten, daß wir den Männern Liebesgedichte geschickt oder Interessen vorgetäuscht haben, um ihnen zu gefallen (das bringt natürlich nie etwas), und wenn sie wüßten, was wir alles auf uns genommen haben, um die Eltern des Auserwählten für uns zu erwärmen, damit sie ihre Söhne dazu bringen, uns einen Heiratsantrag zu machen. Wenn sie all dies wüßten – vielleicht haben wir ihnen nie die ganze Geschichte erzählt –, dann würden auch sie uns dazu anhalten, uns lieber auf uns selbst zu besinnen, statt dem Schicksal ein wenig nachzuhelfen. Eine Frau, die einen Mann liebt, obwohl er sie nicht liebt, kann für sich selbst und für ihn zur Gefahr werden.

3. An sich selbst zu arbeiten ist lobenswert – wir alle können uns in vielen Bereichen verbessern –, aber das allein verhilft Ihnen nicht zu der Beziehung, die Sie sich wünschen. Vielleicht fühlen Sie sich nach Jahren des In-Sich-Gehens »rund« oder »bereit«, fragen sich aber, warum Sie noch immer nicht den Mann Ihres Lebens ergattert haben. Wir raten Ihnen, unsere *Regeln* sechs Monate lang auszuprobieren, bevor Sie zu anderen »Mitteln« greifen.

Wenn es irgend etwas gibt, worin Ihr Therapeut Ihnen beim Umgang mit den *Regeln* helfen kann, dann ist es die Stärkung Ihrer Disziplin und Selbstbeherrschung, denn Sie werden beides brauchen!

Regel Nummer 31

Verstoßen Sie nicht gegen die Regeln

Wenn Sie gegen die *Regeln* verstoßen, wird er Sie dann trotzdem heiraten?

Diese Frage wird uns immer wieder von Frauen gestellt, die sich ein, zwei Monate daran halten und dann aufhören, obwohl er noch nicht »Ich liebe dich« gesagt, geschweige denn ihnen einen Antrag gemacht hat. Trotzdem fangen diese Frauen irgendwann an, ihn zu fragen, ob er mit ihnen ausgehen will, oder sprechen vom Heiraten, und einige putzen sogar seine Wohnung oder richten sie ein. Wir aber warten so lange, bis der Ring an unserem Finger steckt!

Nehmen wir den Fall unserer guten Freundin Candy. Als wir ihr von den *Regeln* erzählten, gab sie zu, daß sie den Männern bisher nachgelaufen ist und ihr keiner einen Heiratsantrag gemacht hat. Sie erklärte sich schließlich bereit, unsere Ratschläge im ersten Monat ihrer Bekanntschaft mit einem Mann namens Barry, der nicht so recht zog, genauestens zu befolgen. Daraufhin lief alles so gut, daß Barry mit Candy nach zwei Monaten für eine Woche nach Jamaika flog. Da verfiel Candy wieder in ihren alten Trott und schlug unsere Ratschläge in den Wind. Sie hielt es nicht für nötig, sie noch länger zu befolgen!

Im Urlaub verlangte Candy von ihm Sicherheiten für die Zukunft und verwöhnte ihn mehr als umgekehrt, indem sie Liebesgedichte auf sein Kopfkissen legte oder ihn zum Sex verführte. Bei ihrer Rückkehr nach New York schlug sie ihm vor, sich fortan auch unter der Woche und nicht nur an den Wochenenden zu sehen. Wollte er sich abends mit einem Kuß von ihr verabschieden, versuchte sie ihn zu überreden, mit ihr zu schlafen, einen Videofilm auszuleihen oder sonst etwas zu tun, um die Zweisamkeit in die Länge zu ziehen. Irgendwann sagte er zu ihr: »Ich mag dich, aber ich bin nicht in dich *verliebt*. Es ist wirklich seltsam, anfangs hattest du etwas an dir, was ich unbedingt ergründen mußte, aber dann hat sich alles geändert.« Kein Wunder, bei all den Liebesgedichten!

Immerhin brachte Candy die Kraft auf, Schluß zu machen, nachdem er ihr gestanden hatte, daß er sie nicht liebte und sie nicht zu heiraten gedachte. Männer lügen nicht! Wenn sie sagen, sie sind nicht verliebt, dann stimmt es. Dadurch geben sie einem diskret zu verstehen, daß man die Beziehung lieber beenden und sich nach einem anderen umsehen sollte, aber die meisten Frauen beachten den Wink nicht. In der Mehrheit lassen sich Frauen nicht beirren, verschwenden ihre kostbare Zeit und hoffen entgegen aller Wahrscheinlichkeit, daß der Mann doch noch seine Meinung ändert. Haben Sie das auch schon durchgemacht? Und haben Sie es nicht satt, immer nur zu leiden? Nachdem Candy und Barry sich schließlich getrennt hatten, hat sie nie wieder gegen die *Regeln* verstoßen. Zu unserer Freude können wir berichten, daß sie seit kurzem verheiratet ist, und das nur, weil sie sich konsequent an die *Regeln* gehalten hat, was allen Frauen Hoffnung geben sollte.

Frauen, die nach den *Regeln* leben, drängen sich nicht auf, wenn sie nicht gewünscht sind. Sie versuchen nicht, eine Liebesbeziehung, in der der Wurm ist, wieder zu kitten. Wenn er zu der Einsicht gelangt, daß er nicht mehr in Sie verliebt ist, dann hängen Sie nicht wie eine Klette an ihm und warten Sie nicht auf eine zweite Chance. Manchmal verhelfen gerade Entfernung und Zeit einem Mann zu der Erkenntnis, daß die Trennung von Ihnen der größte Fehler seines Lebens war, vergessen Sie das nicht. Er kann Sie jederzeit anrufen – er hat ja Ihre Telefonnummer! Sie aber sollten nach vorne blikken. Besser, Sie halten sich in Ihrer nächsten Beziehung strikt an die *Regeln*, als daß Sie sich mit der Lieblosigkeit Ihres jetzigen Freundes abfinden. Die Antwort auf die Frage »Wird er mich trotzdem heiraten, auch wenn ich gegen die *Regeln* verstoße?« lautet also bedauerlicherweise: »Vielleicht ja, aber eher nein.« Warum das Risiko eingehen?

Falls Sie den Männern Ihr Leben lang nachgelaufen sind, können Sie es bereits als Fortschritt betrachten, wenn Sie ihnen keine Liebesbriefe mehr schreiben und sie nur noch hin und wieder anrufen. Wir allerdings glauben nicht an halbe Sachen. Wenn Sie sich von A bis Z an die *Regeln* halten, brauchen Sie sich nicht den Kopf darüber zu zerbrechen, ob Sie eine zweite Chance erhalten oder nicht, denn er wird sich erst gar nicht entlieben. Verstoßen Sie aber gegen die *Regeln*, nehmen Sie den Männern das Vergnügen, Sie zu umwerben, und das werden sie Ihnen früher oder später übelnehmen. Dann behandeln sie Sie schlecht, und Sie grübeln darüber nach, ob etwas, was Sie gesagt oder nicht gesagt, getan oder nicht getan haben, die Probleme hervorgerufen hat.

Stellen Sie sich vorsorglich schon einmal darauf ein, daß Sie im allgemeinen die *Regeln* mißachten wollen, wenn Sie seit mehreren Monaten mit einem Mann befreundet sind, weil Sie dann nämlich das Gefühl haben, daß aus Ihrer Beziehung die Luft heraus ist oder sie nirgendwohin führt. Er ruft immer seltener an oder hat noch immer nicht von Heiraten gesprochen. Ihre Freundinnen planen bereits Ihre Hochzeit, und Sie haben noch nicht einmal seine Eltern kennengelernt. Sie machen sich Sorgen, wollen ihn wachrütteln, ihm auf die Sprünge helfen. Sie sind versucht, ihm plumpe Grußkarten oder einen Liebesbrief zu schicken, in dem Sie ihm schreiben, wie wichtig er Ihnen ist, um ihn fester an sich zu binden. Sie wollen ohne seine Erlaubnis seine alte Lederjacke ausmisten und ihm eine neue kaufen. Sie benehmen sich, als wären Sie seine Frau, und fühlen sich dazu berechtigt – schließlich sehen Sie ihn jedes Wochenende, und er hat Ihnen schon zweimal Blumen geschenkt. Vielleicht verfallen Sie sogar auf die Idee, die Beziehung zwischen ihm und seinem Vater, mit dem er schon seit längerem nicht mehr spricht, wieder einrenken zu wollen. Mit anderen Worten: Sie haben die Kontrolle über sich verloren!

Machen Sie ruhig so weiter, wenn Sie auch die letzte Chance zerstören wollen, daß er Ihnen einen Heiratsantrag macht! Sollte aus Ihrer Beziehung tatsächlich die Luft heraus sein, lautet unser Rat: Lesen Sie noch einmal nach, wie Sie sich bei den ersten Verabredungen verhalten sollen. *Halten Sie durch*, vertrauen Sie darauf, daß die Rechnung aufgeht, üben Sie sich in Geduld, triezen Sie ihn nicht und brechen Sie nichts vom Zaun. Sollten Sie nach ein paar Wochen noch genauso frustriert sein, tun Sie *sich selbst* etwas Gutes! Mieten Sie mit Ihrer Freundin ein Ferienhaus, statt darauf zu warten, daß er einen Vorschlag für den Urlaub macht, oder melden Sie sich bei dem neuen Trainer in Ihrem Sportclub zu Tennisstunden an. Jammern Sie Ihrem Freund nichts vor – er würde sich nur erdrückt fühlen und dies nicht als Beweis Ihrer Liebe deuten. Lassen Sie ihn in Ruhe, unternehmen Sie etwas, und machen Sie sich rar – entweder er vermißt Sie oder nicht. Je früher Sie herausfinden, ob er vielleicht auch ohne Sie leben kann, desto besser.

Es gibt viele Arten, die *Regeln* in der Anfangsphase einer Beziehung zu mißachten. Hier ein weiteres Beispiel:

Nachdem Nicole Ken einen Monat kannte, beschloß sie, sich bei Ihrem weiteren Verhalten ganz von ihrem *Gefühl* leiten zu lassen. Wenn Ken eines Tages ihr Ehemann und der Vater ihrer Kinder werden sollte, überlegte sie, warum sollte sie sich ihm dann nicht zeigen, wie sie wirklich war? (Ist Ihnen dieser Gedanke auch schon durch den Kopf gegangen?) Also plante sie für seinen Geburtstag eine große Überraschungsparty, nicht zuletzt mit dem Hintergedanken, daß sie bei der Gelegenheit seine Familie und seine Freunde kennenlernen würde.

Es verging kein Wochenende, an dem die Gefühle nicht die Oberhand über Nicole gewannen. Als sie einmal an einem Spielplatz vorbeikamen, schlug sie ihm vor, wippen und schaukeln zu gehen, in der Hoffnung, er könnte Gefallen an der Vorstellung finden, selbst einmal Kinder zu haben. Ken fand ihr Verhalten durchschaubar und albern. Von da an ging es mit ihrer Beziehung bergab. Nicole schlug eine Partnerschaftsberatung vor, aber er beschloß, mit ihr Schluß zu machen und sich lieber nach einer anderen umzusehen.

Sobald wir einem Mann nachlaufen, schrillt in seinem Kopf eine Alarmglocke: *Die Herausforderung ist vorbei,* und seine Gefühle kühlen sich ab. Urplötzlich schlägt in der Liebesbeziehung alles ins Gegenteil um: Was er an Ihnen früher bewundernswert fand, findet er nun lästig. Sie sind nicht länger seine Traumfrau. Es ist genauso, als ob Sie die Rechnung bezahlt oder ihm die Tür geöffnet hätten. Sie haben ihm die Arbeit abgenommen und ihm damit einen schlechten Dienst erwiesen.

Wenn Sie also der Ansicht sind, die Ermahnung, ihn nicht anzurufen, oder die eine oder andere Regel seien hartherzig und gemein, dann denken Sie daran, daß Sie ihm im Grunde nur dabei helfen, mehr von Ihnen zu wollen.

Die gute Nachricht lautet: Wenn ein Mann in Sie verliebt ist, hat er keine Angst, sich lächerlich zu machen, indem er Sie fünfmal am Tag anruft, um Ihnen lauter kleine, alberne Dinge zu sagen. (Jawohl, *er* darf Sie fünfmal am Tag anrufen, aber Sie dürfen nicht, sonst hält er Sie für verrückt!) Sie brauchen ihn nicht anzurufen, um sich zu vergewissern, ob Ihre Beziehung gut läuft, weil Sie sich dessen sicher sind. Und Sie brauchen auch nicht bis zwei Uhr morgens aufzubleiben und sich Erklärungen dafür zurechtzulegen, warum er seit zwei Wochen nicht angerufen hat, weil er – so Sie die *Regeln* befolgen – jede Woche, wenn nicht sogar jeden Tag anruft.

Frauen, die die Sache gelassen angehen, bekommen von den Männern das sichere, wohlige Gefühl vermittelt, geliebt zu werden. Sie werden bereits Anfang der Woche oder, besser noch, unmittelbar nach der letzten Verabredung gefragt, ob sie am kommenden Samstag abend mit ihnen ausgehen möchten.

Natürlich kennen wir alle Frauen, die gegen die *Regeln* verstoßen und trotzdem geheiratet haben. Da ist zum Beispiel eine, die im Liebesleben immer die Initiative ergreift. Ihr Mann behauptet zwar, daß er sie liebt, aber er zwickt sie in der Küche nie in den Po und würde sich lieber in seinem Lehnsessel allein die Elf-Uhr-Nachrichten ansehen, als mit seiner Frau im Bett zu kuscheln.

Wenn Sie also schon die *Regeln* mißachten, dann bringen Sie zumindest den Mut auf, die Beziehung zu beenden, falls er sagt, daß er nicht mehr in Sie verliebt ist und es zwischen Ihnen aus ist. Das spart Ihnen eine Menge Zeit. Grundsätzlich gilt: Wenn man das Gefühl hat, ein Mensch entgleitet einem, muß man ihn loslassen. Fragen Sie ihn nicht, warum er Sie nicht mehr liebt oder was Sie hätten besser machen können. Das ist wie betteln und ehrlich gesagt unter der Würde einer Frau. Seien Sie tapfer, wenn es vorbei ist, und denken Sie daran, daß Sie später in Tränen ausbrechen und sich bei Ihren Freundinnen ausweinen können.

Seien Sie nicht zu streng gegen sich selbst, wenn Sie das Gefühl haben, Sie hätten manches besser machen können. Hauptsache, Sie sind mit sich selbst im reinen und machen es beim nächsten Mal besser. Rufen Sie ihn nicht an, reden Sie nicht mit seinen Freunden über Ihre Beziehung, versuchen Sie nicht, sein Kumpel zu sein. Es ist vorbei? Der Nächste bitte! Dann war er wohl nicht der Richtige. Irgendwo wartet jemand auf Sie, der besser zu Ihnen paßt. Das beste, was Sie in der Zwischenzeit tun können (und zugleich die beste Rache), ist es, sich am laufenden Band mit anderen Männern zu treffen.

Regel Nummer 32

Halten Sie sich an die Regeln, dann haben Sie das Glück auf Ihrer Seite!

Was können Sie erwarten, wenn Sie die *Regeln* befolgen? Die Antwort lautet: Die bedingungslose Bewunderung Ihres Traummannes. Warum sonst sollten wir sie anwenden?

Wir sehen ein, daß vieles, was wir in diesem Buch von Ihnen verlangen, alles andere als einfach ist: Sie sollen ihn nicht anrufen, nicht zu schnell intim werden, nicht von Heiraten oder Kindern sprechen und das Rendezvous zuerst beenden. Das alles erfordert eine große Portion Selbstbeherrschung, Geduld und Willenskraft. Die Vorstellung, den Sex hinauszögern zu müssen, hat uns manchmal ganz krank gemacht. Und erst der innere Kampf, wenn wir den Mann unserer Träume anrufen wollten! Es gab viele Tage, an denen wir einfach seine Stimme hören mußten.

Was hat uns bei der Stange gehalten? Die ebenso unglaublichen wie unvorstellbaren »Belohnungen«, von denen wir in der Folge zwei Dutzend aufgelistet haben. Sollten Sie also gegenüber einer bestimmten Regel Vorbehalte haben (vielleicht wollen Sie das Telefongespräch nicht nach fünf oder zehn Minuten beenden, weil Sie Angst haben, er könnte Sie für unhöflich halten und nicht mehr anrufen), dann lesen Sie diese Liste, um sich Mut zu machen. Vergessen Sie nicht: Die Männer wollen mehr von Ihnen, wenn Sie die *Regeln* anwenden, und verlieren schneller das Interesse, wenn Sie es nicht tun!

1. Die größte Belohnung zuerst: Er will Sie heiraten! Viele Frauen kommen schon aufs Heiraten oder eine gemeinsame Zukunft zu sprechen, wenn sie einen Mann erst seit ein paar Wochen oder Monaten kennen. Sie wollen wissen, wo dran sie sind. In den meisten Fällen geht der Schuß nach hinten los, weil sich Männer nicht zu einem Heiratsantrag drängen lassen. Als Frau, die sich nach den *Regeln* richtet, sind Sie darauf geschult, nicht vom Heiraten oder von Kindern zu sprechen. Sie reden über Bücher, Beruf, Politik, Fußball und das Wetter. Dann wird er Ihnen von allein einen Antrag machen.

2. Sitzen Sie in einem Restaurant an einem Tisch, kommt er zu Ihnen herüber und setzt sich neben Sie. Ihnen gegenüber zu sitzen, ist ihm nämlich *zu weit weg*, wenn er richtig verliebt ist.

3. Er schickt Ihnen Rosen, nachdem Sie miteinander geschlafen haben.

4. Er schreibt Ihnen kleine Liebesbotschaften oder -gedichte und klebt sie auf die Kühlschranktür.

5. Er stört sich nicht an Ihren Marotten. Sie müssen sich also nie Sorgen machen, er könnte Sie verlassen, wenn Sie eine schlechte Angewohnheit nicht ablegen. Er mag sie zwar nicht, würde Sie deshalb aber nie verlassen.

6. Er ruft Sie an, um sich zu erkundigen, wie Ihr Arzttermin verlaufen ist.

7. Er schenkt Ihnen bei jeder sich bietenden

Gelegenheit eine Kleinigkeit, ein Schmuckstück oder Blumen.

8. Er wird wütend, wenn Sie ihm keine Aufmerksamkeit widmen. Er will, daß Sie ständig für ihn da und um ihn herum sind. Er vernachlässigt Sie nicht. Er geht immer in den Raum, in dem Sie sich gerade befinden. Sie werden nie zur »Fußball-Witwe«. Er will Sie zum Fußball mitnehmen (selbst wenn Sie für diesen Sport nichts übrig haben oder ihn nicht verstehen), um mehr Zeit mit Ihnen zu verbringen. Er möchte alles mit Ihnen zusammen machen!

9. Er ist nach einem Streit immer bereit zur Versöhnung.

10. Er interessiert sich für alle Aspekte Ihres Lebens. Sie langweilen ihn nie.

11. Wenn Sie ihn in der Arbeit anrufen, will er immer mit Ihnen reden, selbst wenn er beschäftigt ist. Er ruft Sie ohnehin oft aus der Arbeit an.

12. Er möchte nicht bis spät abends arbeiten, weil er möglichst viel von Ihnen haben will.

13. Er will auch dann noch mit Ihnen zusammensein, wenn Sie eine Erkältung haben oder krank werden.

14. Er will immer wissen, wo Sie telefonisch zu erreichen sind, damit er mit Ihnen in Verbindung bleiben kann.

15. Er paßt auf Sie auf.

16. Er sieht es nicht gerne, wenn Sie auf Junggesellinnen-Partys gehen.

17. Er *hört zu*, wenn Sie ihm etwas erzählen.

18. Wenn Sie leichtbekleidet in der Wohnung herumlaufen, pfeift er Ihnen nach, als wären Sie eine Badenixe am Strand.

19. Ihr Bild steht im Büro auf seinem Schreibtisch

und steckt in seiner Brieftasche. Er will Sie immer anschauen können.

20. Wenn er Sie liebt, liebt er auch Ihre Kinder.

Hoffentlich motivieren die obengenannten »Belohnungen« Sie, die *Regeln* zu befolgen. Ein weiterer Anreiz besteht in dem, was Sie sich *ersparen*:

1. Eine nervenaufreibende Scheidung. Statt dessen genießen Sie eine himmlische Ehe. Er wird sich um Sie kümmern, wenn Sie alt sind. Er liebt Sie wirklich von ganzem Herzen. Eine Ehe, die auf den *Regeln* gründet, ist für immer.

2. Partnerschaftsberatung. Er hat kein Interesse an einer gemeinsamen Therapie. Wenn Sie sich an die *Regeln* halten, gibt es zwischen Ihnen keine großen Meinungsverschiedenheiten. Er wünscht sich nicht, Sie wären so oder so oder einfach anders. Seine Liebe zu Ihnen ist bedingungslos. Natürlich kann es sein, daß er sich wünscht, Ihr Konto wäre nicht immer im Minus, Sie würden zehn Pfund abnehmen oder öfter das Haus putzen, aber es ärgert ihn nicht wirklich, und er regt sich darüber nicht auf, sondern es belustigt ihn eher. Im Grunde findet er fast alles an Ihnen bewundernswert. Er hält es nicht für nötig, mit einem Fachmann über seine Gefühle zu sprechen. Er ist damit beschäftigt, Ihren nächsten Urlaub zu planen oder Sie durchs Haus zu jagen, um einen flüchtigen Kuß zu erhaschen.

3. Unsicherheit. Sie bewegen sich nicht auf dünnem Eis. Sie zerbrechen sich nicht ständig den Kopf darüber, ob Sie ihn gekränkt oder etwas Falsches gesagt haben. Sie wissen, daß er Ihnen immer vergeben und Sie nie

verletzen wird und daß er sofort zu einer Versöhnung bereit ist.

4. Mißhandlung. Wenn Sie die *Regeln* befolgen, behandelt er Sie wie eine zerbrechliche, zarte Blume. Er nimmt Ihr Gesicht in seine Hände, massiert Ihnen den Rücken, wenn Sie einen anstrengenden Tag hinter sich haben, und streichelt Ihr Haar, als wäre es Seide. Sie müssen keine Angst davor haben, geschlagen zu werden.

5. Untreue. Wenn Sie die *Regeln* einhalten, findet er Sie schöner als andere Frauen (selbst wenn Sie es nicht sind). Er will nur mit Ihnen Sex haben; er kann nicht genug von Ihnen bekommen und trainiert Ihnen zuliebe sogar seinen Bizeps. Sie können ihn getrost in einem Raum voll toller Frauen allein lassen. Wenn er Sie liebt, dann liebt er Sie!

Regel Nummer 33

Lieben Sie nur Männer, die Sie auch lieben

Eine der größten Belohnungen für die strikte Einhaltung der *Regeln* besteht darin, daß Sie sich angewöhnen, nur die Männer zu lieben, die auch Sie lieben. Sofern Sie die Ratschläge in diesem Buch befolgt haben, haben Sie gelernt, auf sich selbst aufzupassen. Sie ernähren sich gut und treiben Sport. Sie haben jede Menge Interessen, Hobbys und Verehrer, und Sie rufen die Männer nicht an oder laufen ihnen nach. Sie besitzen ein hohes Selbstwertgefühl, weil Sie nicht mit jedem ins Bett gehen und sich nicht mit verheirateten Männern einlassen. Sie lieben mit dem Kopf, nicht nur mit dem Herzen. Sie sind ehrlich; Sie haben Grenzen, Werte und moralische Grundsätze. Sie sind nicht wie die anderen, Sie sind anders. Der Mann, der Sie mal kriegt, kann von Glück sagen!

Ihre Eigenliebe verbietet es Ihnen, sich für Männer zu interessieren, die Ihnen keine Beachtung schenken, Sie betrügen oder Sie körperlich oder seelisch mißhandeln, und natürlich auch nicht für Männer, die ohne Sie leben können. Männer, die Ihnen früher auf die Nerven gingen, weil sie wie offene Bücher waren, zu oft anriefen, Ihnen schwülstige Karten schickten und ihren Freunden und Eltern von Ihnen erzählten, lange bevor Ihre

Freunde oder Eltern etwas von ihnen wußten, finden Sie nun anziehend und begehrenswert. Selbstverständlich wollen wir Sie nicht dazu überreden, einen Mann einfach deshalb zu lieben, weil er Sie liebt. Nein, Sie lieben, wen Sie lieben wollen. Aber wenn ein Mann, an dem Sie interessiert sind, verrückt nach Ihnen ist, sind Sie glücklich darüber. Er geht Ihnen nicht etwa auf die Nerven oder stößt Sie ab. Sie denken nicht »Himmel, der macht es mir zu einfach«. *Liebe soll einfach sein!*

Seit Sie die *Regeln* anwenden, haben Sie Ihre Einstellung geändert. Sie lieben es, geliebt zu werden. Sie vertreten die Meinung, daß jeder Mann, der Sie toll findet, ein toller Mann und nicht etwa ein mieser Typ sein muß. Sie verspüren nicht den Wunsch, einem Mann nachzulaufen, der Ihnen keine Beachtung schenkt, sich nicht um Sie bemüht oder Sie anruft, um mit Ihnen auszugehen. Liebe ist von Natur aus einfach und süß, nicht herzzerreißend und hart.

Vielleicht sagen Sie sich jetzt: »Das ist doch klar!« Sie wären allerdings überrascht, wie viele von uns Männern nachgelaufen sind, die nichts von uns wollten. Wir hielten es für unsere Lebensaufgabe, die Männer umzukrempeln und solche, die Blondinen bevorzugten, für uns zu interessieren (die wir beispielsweise brünett sind). Wir dachten, wir müßten daran *arbeiten*, daß die Männer uns lieben. Machten sie es uns mit der Liebe zu einfach, langweilten wir uns. Jetzt aber wünschen wir uns eine unkomplizierte Liebe. Wir gehen zum Tanzen oder auf eine Party und empfinden es nicht als Arbeit. Wir lassen uns sehen, und wer uns mag, mag uns, und wer nicht, der eben nicht. Wir nehmen die Dinge, wie sie kommen. Wir lehnen uns zurück und sind zuversichtlich. Wir kämpfen nicht.

Ihr Leben verläuft ohne Schmerz und Kummer. Sie verbringen keine einsamen Samstagabende mehr, warten nicht mehr darauf, daß das Telefon klingelt, grübeln nicht mehr über einen Mann nach, der Sie verlassen oder ein Auge auf Ihre beste Freundin geworfen hat, kriegen keine Eifersuchtsanfälle mehr, durchsuchen nicht mehr seine Schreibtischschubladen oder Manteltaschen nach verräterischen Spuren. Sie werden endlich auf Händen getragen und fühlen sich geborgen! Sie werden begeistert sein!

Regel Nummer 34

Machen Sie es ihm leicht, mit Ihnen zu leben

Laut den *Regeln* sollen Sie anfangs schwer zu kriegen sein. Doch wenn er Ihnen erst einmal sicher ist, sollen Sie ihm das Zusammenleben mit Ihnen leichtmachen.

In den ersten Monaten oder dem ersten Jahr einer Ehe kann vieles schieflaufen. Womöglich streiten Sie sich darüber, wo Sie wohnen wollen, womöglich haben Sie finanzielle oder familiäre Probleme. Sie dachten, Sie müßten nicht mehr so viel arbeiten, sondern könnten eine Teilzeitstellung annehmen und allmählich ans Kinderkriegen denken. Er aber sagt, Sie sollen einer Vollzeitbeschäftigung nachgehen, Kinder könnten Sie später immer noch haben. Er dachte, Sie würden ihn mit Hausmannskost verwöhnen wie seine Mutter seinen Vater, und wird jedesmal wütend, wenn Sie eine Dose Thunfisch öffnen.

Es gibt schlimmere Probleme – etwa Krankheit oder den Verlust des Arbeitsplatzes. Welche Regel gilt in diesem Fall?

Sie lautet: So sehr Sie sich anfangs Mühe gegeben haben, schwer zu kriegen zu sein, so sehr müssen Sie sich nun bemühen, Ihrem Mann das Zusammenleben mit Ihnen leichtzumachen! Seien Sie liebenswert, aufmerksam und geduldig; versuchen Sie, über seine Fehler hinwegzusehen und sein Selbstbewußtsein zu stärken. Sagen Sie ihm, wie gut *er* aussieht, versuchen Sie, die Dinge aus seiner Sicht zu sehen. Erwarten Sie nicht, daß er immer alles aus *Ihrer* Sicht sieht.

Natürlich möchte man jedesmal am liebsten an die Decke gehen, wenn im Reich der Liebe etwas nicht stimmt – wir alle haben unsere Vorstellungen von einer erfüllten Ehe. Trotzdem müssen Sie versuchen, selbstlos und gelassen zu sein, sonst werden Sie keine glückliche Prinzessin.

Angenommen, Sie haben ihm zum Abendessen sein Lieblingsgericht gekocht und er ruft in letzter Minute an, um zu sagen, daß er bis spät arbeiten wird und Sie ohne ihn essen sollen. Sie sind stinksauer und möchten am liebsten ins Telefon schreien: »Ich habe dir extra dein Lieblingsessen gekocht!« Atmen Sie statt dessen tief durch und sagen Sie etwas Nettes, zum Beispiel: »Du arbeitest in letzter Zeit ganz schön hart. Ich bin stolz auf dich.« Versprechen Sie ihm, bei der Heimkehr seinen Rücken zu massieren. Beschäftigen Sie sich selbst – lesen Sie ein Buch oder putzen Sie die Wohnung. Reiben Sie ihm nicht unter die Nase, wie enttäuscht Sie sind, und zetern Sie nicht herum. Vergessen Sie nicht, daß er für Sie beide so viele Überstunden macht!

Oder nehmen wir einmal an, Sie haben Geburtstag und wissen, daß er Ihnen ein ausgefallenes Geschenk machen möchte, haben sich aber ein Dutzend Rosen in den Kopf gesetzt. Sie hadern den ganzen Tag mit sich selbst und überlegen, ob Sie ihm einen Wink geben sollen. Außerdem ärgern Sie sich darüber, daß dies überhaupt ein Thema ist!

Was tun? Reden Sie mit einer Freundin darüber, kaufen Sie sich *selbst* Blumen und vergessen Sie die Angelegenheit. Gewöhnen Sie sich an, mit dem glücklich zu sein, was Sie kriegen, statt von ihm zu erwarten, daß er all Ihre romantischen Phantasien errät. Geben Sie ihm Zeit, Sie bekommen die Rosen schon noch. Das Leben ist lang.

Halten Sie sich immer vor Augen, daß er den ganzen Tag hart arbeitet – ob Sie es nun glauben oder nicht. Überfallen Sie ihn nicht mit Ihren Problemen, kaum daß er zur Tür hereinkommt. Denken Sie daran: Es sind die kleinen Aufmerksamkeiten, die eine Ehe groß machen.

Das ist nicht immer leicht. Manchmal haben Sie einfach keine Lust, sich die Beine zu rasieren, ihm etwas Warmes zu kochen oder liebenswert und nett mit ihm zu sein. Vielleicht ist Ihre Stimmung auf dem Nullpunkt. Wie halten Sie sich selbst bei Laune?

Wir sind davon überzeugt, daß jedes Mittel zum Streßabbau – Yoga, Meditation, Aerobic, Joggen, Radfahren, Tennis, ein Wochenende in einem Heilbad und ähnliches – Ihnen dabei hilft, Ihre Batterie wieder aufzuladen. Zugegeben, es ist weitaus anstrengender, eine Ehefrau im Sinne der *Regeln* zu sein als eine gewöhnliche Ehefrau, aber auf lange Sicht hat man viel mehr davon, finden Sie nicht?

Vielleicht lesen Sie auch esoterische Bücher, suchen einen Therapeuten auf oder treten einer Selbsthilfegruppe bei, wenn es Ihnen zu bunt wird oder Sie merken, daß Sie sich wegen jeder Kleinigkeit mit ihm in die Haare kriegen. Welchen Weg Sie auch einschlagen – verlieren Sie sich dabei selbst nie aus dem Blick. Gehen Sie nicht mit dem Vorsatz zu einem Therapeuten oder in einen Sportclub, Ihren Mann zu ändern, und drängen Sie ihn nicht, ebenfalls etwas für seine Gesundheit zu tun. Ändern Sie sich *selbst* und Ihre Reaktionen auf das, was er tut oder nicht tut.

Vergessen Sie nicht, daß Sie mit einer dankbaren Grundeinstellung auf Dauer am besten fahren. Versuchen Sie sich an schlechten Tagen daran zu erinnern, warum Sie Ihren Mann geheiratet haben. Halten Sie mitten in einem Streit inne und rufen Sie sich all die mißglückten *blind dates* und die schier endlose Suche nach dem Mann fürs Leben in Erinnerung. Das sollte Sie davor bewahren, in einer Auseinandersetzung etwas Gemeines zu sagen wie: »Ich wünschte, ich wäre dir nie begegnet!« oder: »Ich hätte einen anderen heiraten sollen!« Kramen Sie nicht Vorfälle aus der Vergangenheit wieder aus, und werfen Sie ihm keine Boshaftigkeiten an den Kopf wie: »Weißt du noch, wie du bei der Hochzeit meiner Schwester zu spät gekommen bist?« Sagen Sie zu sich selbst: »Ich habe den Mann meines Lebens gefunden – was spielt alles andere für eine Rolle?«

Falls Sie sich eine glückliche Ehe wünschen, dürfen wir Ihnen dann noch ein paar weitere Regeln ans Herz legen?

1. Durchforsten Sie nicht seine Kleidung, Taschen und Schubladen auf der Suche nach Lippenstiftflecken, Telefonnummern von anderen Frauen, Hotelquittungen und ähnlichem. Vergessen Sie nicht: Wenn Sie sich in Ihrer Ehe an die *Regeln* halten, betrügt er Sie nicht. Beschäftigen Sie sich lieber mit anderen Dingen: Lesen Sie ein Buch oder machen Sie Gymnastik. Müssen Sie nicht einen Brief schreiben oder eine Schublade ausmisten?

2. Öffnen Sie nicht seine Post, es sei denn, sie ist ausdrücklich an Sie beide adressiert. Vielleicht denken Sie:

Was sein ist, ist auch mein – aber diese Entscheidung müssen Sie schon ihm überlassen. Wenn er Ihnen nicht bewußt etwas zeigt oder Sie in gewisse Dinge mit einbezieht, dann gehen sie Sie nichts an. Außerdem: Je weniger Sie Ihre Nase in seine Angelegenheiten stecken, desto mehr wird er Ihnen mitteilen wollen – zu gegebener Zeit.

3. Nehmen Sie sich vor, nicht allzuoft die Stimme zu heben oder zu weinen. Für manche von uns, die gefühlvoller als andere sind, ist das nicht immer einfach. Schaut er sich zum Beispiel den ganzen Nachmittag im Fernsehen Fußball an, statt Ihnen beim Hausputz zu helfen, schalten Sie die Glotze nicht einfach in einem Wutanfall aus, sondern bitten Sie ihn freundlich um seine Hilfe. Besteht er trotzdem darauf fernzusehen, lassen Sie ihn und sagen Sie sich: »Dann eben nicht.« Die Angelegenheit ist nicht so wichtig. Verlieren Sie nicht jedesmal, wenn Sie Ihren Kopf nicht durchsetzen können, die Beherrschung – das bringt Sie nicht weiter.

4. Halten Sie ihn nicht von etwas ab, was er unbedingt tun möchte, zum Beispiel ein Wochenende mit ein paar Freunden zum Skilaufen gehen. Er sollte sich immer frei fühlen. Er soll nicht glauben, daß Sie zu dem Typ Frau gehören, die ihm nicht ab und zu ein Vergnügen gönnen. Sollten Sie das Gefühl haben, ihn von etwas abhalten zu müssen, stimmt in Ihrer Beziehung etwas nicht. Versuchen Sie nicht, ihn zu kontrollieren. Denken Sie daran: Es kommt sowieso alles, wie es kommen muß! Mit uns lebt es sich leicht, wir lassen uns mit dem Strom treiben.

5. Zeigen Sie ihm Ihre Zufriedenheit mit ihm, sich selbst und der Welt. Seien Sie unbeschwert, dann kriegen Sie weniger Falten und Rückenschmerzen und ver-

spüren weniger Anspannung. Er wird sich stärker zu Ihnen hingezogen fühlen, wenn Sie das lebensfrohe Mädchen bleiben, das er von früher kennt – anders als alle anderen. Lesen Sie *Regel Nummer 1* noch einmal.

6. Sollte es Ihnen so vorkommen, als würde die Wirkung der *Regeln* allmählich nachlassen und Ihr früheres unleidliches Wesen wieder die Oberhand gewinnen – Sie sind übellaunig, nicht mehr so liebenswert, fühlen sich abhängig –, lesen Sie dieses Buch noch einmal von Anfang an. Das wird Ihnen helfen, anders als alle anderen zu sein, und Sie an den Vorteil dieses Verhaltens erinnern: Ihr Mann wird Sie wieder genauso unwiderstehlich finden wie früher!

7. Lassen Sie Raum für ein gesundes Liebes- oder Sexleben, und genießen Sie die Zeit miteinander. Wir können uns vorstellen, daß Ihnen nach einem harten Arbeitstag, dem Einkaufen, Aerobic und ähnlichem vielleicht nicht der Sinn nach wildem Sex oder einem Fußballspiel steht. Als Sie mit Ihrem Mann noch befreundet waren, haben Sie alles mitgemacht, weil Sie ihm gefallen und ihn dazu bringen wollten, Ihnen einen Antrag zu machen. Jetzt, wo er Ihnen sicher ist, glauben Sie, Sie müßten sich nicht mehr so viel Mühe geben.

Zwar müssen Sie die *Regeln* nicht mehr so rigoros anwenden wie in den ersten drei Monaten Ihrer Beziehung, aber hüten Sie sich davor, selbstsüchtig, unaufmerksam oder faul zu werden. Vergessen Sie nicht: Um eine gute Ehe zu führen, können Sie nie ganz auf die *Regeln* verzichten!

Last but not least

Zwölf Extratips

1. Wenn er Sie fragt, ob Sie mit ihm ausgehen möchten, zählen Sie insgeheim bis fünf, bevor Sie ja sagen. Das macht ihn nervös, und das ist gut so!

2. Rufen Sie ihn nicht an, selbst wenn Ihnen das Gewissensbisse bereitet. Liebt er Sie, ruft er Sie sowieso an. Bittet er Sie, ihn anzurufen, lassen Sie es bei einmal bewenden. Tun Sie nur das Allernötigste!

3. Will er Sie auf ein Eis, einen Drink und zu einem Fußballspiel einladen, obwohl Sie Lust auf ein schickes Abendessen haben, sagen Sie: »Gern!« Vergessen Sie nicht: Sie sind zwar schwer zu kriegen, aber das Zusammenleben mit Ihnen ist leicht! In ein teures Restaurant können Sie ein andermal gehen.

4. Lassen *Sie* beim Spazierengehen zuerst seine Hand los, aber nicht abrupt.

5. Die *Regeln* sind in Stein gemeißelt, doch wie Sie damit umgehen, hängt von Ihrem Wesen ab. Sind Sie ein besonders freundlicher, überschwenglicher Mensch, seien Sie besonders streng mit sich. Je konsequenter, desto besser, und das heißt: rufen Sie ihn nie an, und erwidern Sie seine Anrufe nur höchst selten.

Sind Sie aber von Natur aus eher nüchtern und zugeknöpft, seien Sie besonders liebenswert, wenn Sie die

Regeln anwenden. Rufen Sie ihn nach jedem fünften Anruf von sich aus an. Seien Sie herzlich. Solange Sie ihn nicht fragen, ob er mit Ihnen ausgehen will, Sie nicht bei ihm einziehen oder aufs Heiraten zu sprechen kommen, können Sie ihm ruhig zeigen, daß Sie ihn nach jeder Begegnung ein bißchen mehr mögen.

6. Hat er sich Ihnen gegenüber schofelig verhalten, ist sich Ihrer zu sicher oder wollen Sie ihn aufrütteln, damit er Ihnen schneller einen Heiratsantrag macht, verreisen Sie für eine Woche. Läuft alles gut, aber wollen Sie, daß er Sie vermißt, fahren Sie mit einer Freundin übers Wochenende weg. Erzählen Sie ihm eine Woche vorher in arglosem, zuckersüßem Tonfall, daß Sie mit einer Freundin nach Florida fahren wollen, um ein bißchen Farbe zu kriegen und sich zu erholen: »Nichts Aufregendes Schatz, nur ein bißchen ausspannen.«

7. Sind Sie sich seiner nicht sicher, ziehen Sie eine Freundin zu Rate, die sich mit den *Regeln* auskennt. Sie wird Ihnen sagen, ob er Sie heiraten will oder nicht.

8. Selbst ein Mann, der Sie liebt und heiraten will, läßt gelegentlich eine Bemerkung fallen, um Sie aufzuziehen oder nervös zu machen, etwa: »Dort fahre ich mit dir hin, falls wir nächstes Jahr noch zusammen sind ... Du weißt ja, wie das mit Freundschaften so ist.« Machen Sie sich deshalb nicht verrückt und achten Sie nicht darauf. Die meisten Frauen würden einen Riesenaufstand veranstalten und buchstäblich durchdrehen. Frauen aber, die auf die *Regeln* bauen, lassen sich von solchen Frotzeleien nicht aus der Ruhe bringen.

9. Sagen Sie ihm nie, daß Sie *Angst* vor dem Alleinsein haben. Frauen, die Männern erzählen, wie sehr sie jemanden *brauchen*, fordern schlechtes Benehmen geradezu heraus, weil die Männer dann wissen, daß diese

Frauen alles in Kauf nehmen würden, nur um nicht allein zu sein.

10. Werden Sie nicht ungeduldig, wenn er sich mit dem Heiratsantrag länger Zeit läßt, als Ihnen lieb ist. Die meisten Frauen würden lieber *gestern* als heute gefragt werden. Setzen Sie ihn auf keinen Fall unter Druck. Sie haben nun schon so lange gewartet, daß Sie ruhig noch ein bißchen länger warten können. Wenn Sie sich an die *Regeln* halten, *wird* er Sie fragen!

11. Vernachlässigen Sie Ihr Äußeres nicht. Machen Sie weiterhin Gymnastik. Ein Mann verläßt seine Frau nicht, wenn Sie nach der Hochzeit oder dem ersten Kind zwanzig Pfund zulegt, aber wenn Sie wollen, daß Ihr Verlobter oder Ehemann weiterhin verschossen in Sie ist, halten Sie sich fit.

12. Lesen Sie Zeitung und Bücher, damit Sie mit Ihrem Lebenspartner noch andere Gesprächsthemen haben als nur Ihre Arbeit oder schmutzige Windeln. Männer wünschen sich Frauen, die sie nicht nur körperlich und gefühlsmäßig, sondern auch geistig befriedigen.

Die Regeln auf einen Blick

Regel Nummer 1	Seien Sie anders als alle anderen
Regel Nummer 2	Sprechen Sie einen Mann nicht zuerst an (und fordern Sie ihn nicht zum Tanzen auf)
Regel Nummer 3	Starren Sie die Männer nicht an, und reden Sie nicht zuviel
Regel Nummer 4	Kommen Sie ihm nicht auf halber Strecke entgegen, und machen Sie bei der Rechnung nicht halbe halbe
Regel Nummer 5	Rufen Sie ihn nicht an und auch nicht immer gleich zurück
Regel Nummer 6	Beenden *Sie* die Telefongespräche
Regel Nummer 7	Nehmen Sie nach Mittwoch keine Einladungen mehr für Samstag abend an
Regel Nummer 8	Füllen Sie die Zeit bis zur Verabredung aus
Regel Nummer 9	Wie man sich bei der ersten, zweiten und dritten Verabredung verhält
Regel Nummer 10	Wie man sich bei der vierten Verabredung verhält, wenn die Beziehung sich allmählich festigt